ANA VICTORIA MONDADA C.

PRÁCTICAS DE ORTOGRAFÍA
Quinto Grado

ORTOGRAFÍA FUNCIONAL
PARA EL QUINTO GRADO
DE ENSEÑANZA PRIMARIA
CON BASE EN CUADROS
ORTOGRÁFICOS

Ejercicios
Reafirmaciones
Evaluaciones
Lecturas

Reafirmación de letras
Empleo del diccionario
Ordenación alfabética
División silábica - Diptongos
Refranes y derivados
Sinónimos - Antónimos - Homófonos
Campos semánticos
Palabras agudas, graves y esdrújulas
Empleo correcto de preposiciones
y conjunciones
Conjugaciones verbales
Sugerencias metodológicas
Vocabulario
Prácticas de redacción

FERNÁNDEZ
editores

PRÁCTICAS DE ORTOGRAFÍA, QUINTO GRADO
POR ANA VICTORIA MONDADA CUERVO
PRIMERA EDICIÓN, 1990
SÉPTIMA REIMPRESIÓN DE LA SEGUNDA EDICIÓN, JULIO 1997

Derechos reservados conforme a la ley por: © 1990 FERNÁNDEZ editores, s.a. de c.v.
Eje 1 Pte. México Coyoacan 321, Col. Xoco. Delegación Benito Juárez. 03330
México, D. F. (MÉXICO). Miembro No. 85 de la Cámara Nacional de la Industria
Editorial Mexicana. Se terminó de imprimir esta obra el día 31 de julio de 1997 en los
talleres del editor.
2 Th – – ISBN 970-03-0044-7
IMPRESO EN MÉXICO – PRINTED IN MEXICO

ÍNDICE

LECTURAS   Pág.

PRÓLOGO

1. Consideraciones generales

Según opinión especializada, con fundamento en datos fehacientes y estadísticamente confirmados, la mayoría de los niños de nuestro país, al terminar la primaria, son incapaces de escribir con un mínimo de corrección ortográfica.

Muchos y complejos son los factores que inciden y propician el actual estado de cosas, por lo cual, la Secretaría de Educación Pública viene llevando a cabo diversos estudios e investigaciones a fin de estructurar planes y estrategias que contribuyan al mejoramiento de la enseñanza y aprendizaje del español en el sistema educativo nacional.

De las sugerencias pedagógicas y recomendaciones, surgidas a raíz de los resultados de una reciente evaluación en tal sentido (se aplicaron cuestionarios y pruebas pedagógicas a una muestra representativa a nivel nacional), que el Consejo Nacional Técnico de la Educación ha hecho de conocimiento público, queremos destacar las siguientes:

a. Que la enseñanza y aprendizaje del español tengan como base *la práctica y el ejercicio diario* en todas las áreas del plan de estudios.

b. Que los aspectos fundamentales: *expresión oral, lectura, escritura, ortografía* y *redacción*, ocupen un lugar primordial en los programas, en los libros y en la atención de todos los maestros.

No es difícil inferir de estas acertadas recomendaciones que debe ser la escuela, en primera instancia, el lugar indicado para iniciar *la enseñanza-aprendizaje de la ortografía.*

Una vez adquiridas las bases para una correcta escritura, la ortografía se hará un hábito. Pero un hábito surge mediante la constancia, la perseverancia, *la práctica* y *el ejercicio diario*, requisitos sin los cuales se dificulta desterrar para siempre posibles deficiencias.

Aunque la vida moderna, con sus tensiones y comodidades —trabajo, prisas, teléfono, televisión—, ha propiciado que se escriba y se lea cada vez menos, sin embargo escribir bien es hoy tan necesario como siempre; y quien así no lo hace sufre las consecuencias: estancamiento, incapacidad para prosperar y, sobre todo, incomunicación, con el consiguiente riesgo de perder la consideración y el respeto de sus semejantes.

Por tanto, toda preocupación por la ortografía nunca será excesiva, y lo ideal es que ésta comience simultáneamente con la iniciación del niño en el aprendizaje de la lecto-escritura.

2. Presentación y plan general del libro

Este quinto volumen de *Prácticas de Ortografía* ha sido elaborado teniendo en cuenta, una vez más, las características de la población infantil a la que va dirigido —el niño que cursa el quinto grado de educación primaria—, los planes y programas de estudio de la Secretaría de Educación Pública y el interés y las necesidades de los maestros.

Por todo lo antes mencionado, el presente libro —quinto volumen de una serie de seis destinada a cubrir las necesidades ortográficas de los respectivos grados de enseñanza primaria—, intenta apoyar al maestro en dicha tarea, para lo cual reúne valiosas características: práctico y funcional por su enfoque original, moderno, sumamente sencillo y probado experimentalmente.

La obra comprende 20 cuadros ortográficos, cada uno integrado por diez palabras, reuniéndose así un total de 200 vocablos de uso común y frecuente para el alumno de quinto año de enseñanza primaria.

Como en los demás volúmenes, no sólo se ha buscado que las palabras elegidas estén acordes con la mentalidad infantil, sino que sean de aplicación cotidiana y familiar para el niño, y que no haya repetición de las que se presentan en los cuadros ortográficos de las otras obras que componen la serie; también, deliberadamente, se les ha elegido *teniendo en cuenta los lineamientos generales y el orden de las unidades de aprendizaje propuestos por la Secretaría de Educación Pública.*

El contenido de aprendizaje de la mayoría de los cuadros, por tanto, se apega a dichos programas, aunque en ocasiones se ha ampliado y enriquecido el esquema básico estructurado por las autoridades educativas correspondientes.

Tal como se advierte en el *Prólogo* de los volúmenes anteriores, también en éste, para alumnos de quinto grado, las palabras presentadas en los cuadros ortográficos aumentan en complejidad a medida que se avanza en el curso.

Cada cuadro ortográfico va acompañado de actividades prácticas y ejercicios diversos; algunas sugerencias metodológicas que se consideran oportunas y de valor práctico como apoyo didáctico para el maestro, en lo referente a *reafirmación, evaluación* y *lecturas*, aparecen en el siguiente apartado de este *Prólogo*, debido a su carácter general y aplicable en todos los casos.

Como complemento de la obra, a continuación de los 20 cuadros ortográficos se han insertado algunas lecturas literarias que, además de entretener, proporcionan al niño la oportunidad de una útil enseñanza moral.

Por último, en el *Índice del vocabulario* se enlistan las palabras que integran los 20 cuadros ortográficos, agrupándolas en orden alfabético e indicando, para facilitar su consulta, el número del cuadro en que aparecen.

La elaboración, diseño y presentación de los cuadros ortográficos que se ofrecen en la presente edición, así como la variedad de actividades, ejercicios y ejemplos que se sugieren al maestro, son fruto de una minuciosa tarea de investigación y experimentación.

La prueba inicial y final de los cuadros fue realizada en grupos de quinto grado de enseñanza primaria en colegios privados (mixtos y de niñas) y en escuelas oficiales (mixtas).

3. Sugerencias metodológicas

A. *Reafirmación*

Puede realizarse al final de cada cuadro ortográfico o luego de dos, tres, cuatro o más cuadros, según el tiempo de que se disponga y del aprovechamiento general de los alumnos.

Para esta actividad el maestro puede indicar a los niños que copien, repitan o empleen en enunciados las palabras —del o de los cuadros— con las cuales hayan tenido mayores dificultades. También pueden proceder a enlistarlas u ordenarlas alfabéticamente.

B. *Evaluación*

Al igual que la *reafirmación*, la *evaluación* puede realizarse al terminar cada cuadro ortográfico o después del aprendizaje de un grupo de ellos, considerando los mismos elementos señalados en el apartado anterior (tiempo disponible y aprovechamiento de los alumnos).

Para su aplicación el maestro puede valerse del dictado de palabras, dictado de enunciados breves donde aparezcan una o más palabras pertenecientes al o a los cuadros que se desee evaluar, o sugerir a los niños que construyan enunciados o redacten un texto breve empleando las palabras que se les haya dictado previamente. De ciertas palabras también pueden sugerirse derivados, plurales, división silábica, sinónimos o antónimos, diminutivos o aumentativos, superlativos, acentuación, conjugaciones, etc., siempre que sean pertinentes o se hayan estudiado en los cuadros respectivos.

C. Lecturas

Para la mejor comprensión y aprovechamiento de las lecturas incluidas en el libro, se sugieren al maestro las siguientes actividades:

- Lectura en voz alta del texto completo por parte del maestro.
- Prácticas de lectura en voz alta de la misma página literaria, pero haciendo que participen todos los alumnos.
- Explicación de las palabras o expresiones de difícil significado (o hacer que el niño las busque en el diccionario).
- Cuestionario oral y explicación, comentarios, etc., acerca de la idea principal, personajes, situaciones o diálogos que se desarrollen en la lectura.
- Buscar, releer, explicar y destacar la moraleja que pueda desprenderse de la lectura en cuestión.
- Hacer que los niños copien algún párrafo o fragmento especial.
- Dictar a los alumnos algunos enunciados o fragmentos que revistan algún interés particular.
- Pedir que subrayen, repitan, enlisten u ordenen alfabéticamente palabras que se consideren apropiadas para el logro de determinados objetivos ortográficos.

4. Objetivos de la presente obra

La finalidad de la enseñanza de la ortografía es, como lo indica la propia etimología de la palabra, enseñar a *escribir correctamente* los

8

vocablos. Este fin incluye algunos objetivos secundarios y particulares que tienen valor de *medios* para la consecución señalada. Dentro de estos últimos, la presente obra intenta cubrir, entre otros, los siguientes:

a. Facilitar al escolar el aprendizaje de la escritura correcta de un núcleo de palabras de uso frecuente y de indudable valor y utilidad social.

b. Ampliar y enriquecer su vocabulario ortográfico.

c. Desterrar las tediosas reglas, remplazándolas por métodos pedagógicamente más prácticos, modernos, eficaces y científicamente probados.

d. Colorear en forma atractiva y funcional el material que se presenta, para que el aprendizaje resulte más agradable e interesante.

e. Apoyar y reafirmar dicho aprendizaje mediante la inclusión de una serie variada de actividades y ejercicios escritos.

f. Evaluar las habilidades adquiridas, proporcionando al maestro sugerencias e ideas que faciliten esta tarea.

g. Estimular en el niño el hábito de la lectura, insertando al final de la obra entretenidas narraciones de indudable valor literario y moral.

Por tanto, la elaboración de un libro de esta naturaleza, con las características singulares y relevantes antes señaladas, seguramente secundará la importante labor que han emprendido las autoridades educativas para la renovación y mejoramiento de la enseñanza-aprendizaje del español en nuestro país.

CUADROS ORTOGRÁFICOS

Para reafirmación y evaluación de los cuadros ortográficos, véase el *Prólogo*, apartado 3, incisos A y B.

CUADRO ORTOGRÁFICO

1

1. intrépido
2. lúgubre
3. damnificados
4. auxilio
5. insurgentes
6. esencial
7. reminiscencia
8. nostalgia
9. extinguir
10. minucioso

A. Copia en las líneas correspondientes las palabras del cuadro ortográfico 1 y sus respectivos sinónimos:

Sinónimos

1. intrépido - valiente, osado.
2. lúgubre - sombrío, tenebroso.
3. damnificados - perjudicados, dañados.
4. auxilio - ayuda, socorro.
5. insurgentes - rebeldes, sublevados.
6. esencial - fundamental, primordial.
7. reminiscencia - recuerdo, evocación.
8. nostalgia - melancolía, tristeza.
9. extinguir - apagar, sofocar.
10. minucioso - cuidadoso, meticuloso.

Palabras: Sinónimos:

1. _____   _____
2. _____   _____
3. _____   _____
4. _____   _____
5. _____   _____
6. _____   _____
7. _____   _____
8. _____   _____
9. _____   _____
10. _____   _____

B. En los siguientes enunciados, sustituye por un sinónimo la palabra en color rojo que aparece abajo de cada línea. Búscalos en el cuadro ortográfico 1:

1. La buena alimentación es _____ para la salud.
   fundamental

2. Napoleón Bonaparte fue un hombre _____ en sus batallas.
   osado

3. Los bomberos acudieron de inmediato para _____ el fuego.
   apagar

4. Numerosos países enviaron _____ a México para los
   ayuda
   _____ por el terremoto de 1985.
   perjudicados

5. La investigación científica requiere un trabajo _____.
   meticuloso

6. Cuando nos alejamos de la familia o de la patria, nos invade una _____ llena de _____.
   evocación   melancolía

7. En homenaje a los _____ que lucharon por la
   sublevados
   Independencia de México, una avenida del Distrito Federal lleva su nombre.

8. El incendio forestal fue _____ luego de mucho esfuerzo.
   sofocado

9. _____ a nuestros semejantes nos hace felices.
   Socorrer

10. Es _____ que estudiemos si queremos superarnos.
    primordial

11. Los paisajes _____ me inspiran mucha _____.
    tenebrosos   tristeza

12. Una labor seria y _____ siempre obtiene su recompensa.
    cuidadosa

C. En el cuadro ortográfico 1, busca el antónimo de cada palabra que se presenta y escríbelo donde corresponda:

1. complementario

2. luminoso

3. cobarde

4. encender

5. beneficiados

6. descuidado

D. Busca en el diccionario un sinónimo de cada una de las siguientes palabras:

1. esquivo

2. adverso

3. caos

4. cautela

5. agravio

6. ahínco

7. clausurar

8. riesgo

9. absurdo

10. colisión

11. canje

12. autónomo

13. abismo

14. capaz

15. corregir

16. labor

E. Escribe un enunciado con un sinónimo de cada una de las siguientes palabras y subráyalo con rojo:

1. levantar
2. permiso
3. caro
4. elegir
5. cultivar
6. extraño

7. jocoso
8. trozo
9. meditar
10. agujero
11. solicitar
12. huracán

1. _____
2. _____
3. _____
4. _____
5. _____
6. _____
7. _____
8. _____
9. _____
10. _____
11. _____
12. _____

F. Empleo correcto de la preposición de.

Expresión incorrecta	Forma correcta
1. Estamos seguros que lograrán.	Estamos seguros de que...
2. Debajo la silla.	Debajo de la silla.
3. Es color azul.	Es de color azul.
4. Me acuerdo todo eso.	Me acuerdo de todo eso.
5. Después que llegue.	Después de que llegue.
6. Antes que suceda.	Antes de que suceda.

EJERCICIO

a. Escribe un enunciado con cada una de las expresiones correctas que se presentan arriba y subráyalas con rojo:

1. _____

2. _____

3. _____

4. _____

5. _____

6. _____

CUADRO ORTOGRÁFICO

2

antónimos

1. veloz
2. ameno
3. vencer
4. semejante
5. conceder
6. huraño
7. sincero
8. transitorio
9. antiguo
10. oscuro

A. Copia en las líneas de abajo las palabras del cuadro ortográfico 2 y sus respectivos antónimos:

Antónimos

1. veloz - lento, calmoso, despacioso.
2. ameno - aburrido, cansado, tedioso.
3. vencer - perder, fracasar.
4. semejante - distinto, diferente, opuesto.
5. conceder - negar, prohibir.
6. huraño - sociable, tratable, accesible.
7. sincero - hipócrita, falso, embustero.
8. transitorio - permanente, perdurable, duradero.
9. antiguo - moderno, actual.
10. oscuro - luminoso, brillante.

Palabras: Antónimos:

1. _____   _____
2. _____   _____
3. _____   _____
4. _____   _____
5. _____   _____
6. _____   _____
7. _____   _____
8. _____   _____
9. _____   _____
10. _____   _____

B. Completa los siguientes enunciados empleando una palabra del cuadro ortográfico 2 que sea antónima de la que se presenta en rojo. Haz que concuerden en género y número cuando sea necesario:

1. Este calcetín es diferente del otro; quiero el _____ para formar el par.

2. Negar un favor te acarrea enemigos; para ganar amigos debes saber _____ .

3. Debemos aprender a fracasar para luego poder _____ .

4. Los dones del espíritu son perdurables; los bienes materiales son _____ .

5. La tortuga es lenta; la liebre es _____ .

6. Algunos adultos sociables, han sido a veces niños _____ .

7. El cine mudo es _____ ; el cine sonoro es moderno.

8. Desconfía del hipócrita que te halaga; el amigo _____ te hace ver tus defectos.

9. El ocio es tedioso; un buen libro es _____ .

10. El Sol es luminoso; la noche es _____ .

11. Su empleado es muy accesible, pero él es un hombre _____ .

12. Fernando es _____ a su padre, pero su hermano es distinto.

13. Una buena amistad es duradera; los amigos de ocasión son _____ .

14. No me gustan los muebles modernos; prefiero los _____ .

15. Brillante como la luz, _____ como el carbón.

C. En el cuadro ortográfico 2, busca el sinónimo de cada palabra que aquí se presenta y escríbelo donde corresponda:

1. triunfar

2. franco

3. otorgar

4. añejo

5. sombrío

6. rápido

7. entretenido

8. pasajero

9. igual

10. hosco

D. En la página siguiente, escribe un enunciado con un antónimo de cada una de las siguientes palabras. Si no lo sabes, investígalo; subráyalo con rojo:

1. débil
2. felicidad
3. trabajador
4. tranquilo
5. odiar
6. transparente

7. premio
8. silencioso
9. dulce
10. humilde
11. sucio
12. cercano

1.

2.

3.

4.

5.

6.

7.

8.

9.

10.

11.

12.

E. Los prefijos in y des son creadores de antónimos. Sigue los ejemplos que se presentan y escribe el antónimo de cada una de las siguientes palabras:

1. obediente	desobediente	27. atar	
2. útil	inútil	28. atento	
3. cansado		29. mortal	
4. aseado		30. justo	
5. fiel		31. cargar	
6. leal		32. confiado	
7. armar		33. noble	
8. completo		34. exacto	
9. soluble		35. tapar	
10. agradable		36. cubierto	
11. tolerante		37. moral	
12. hacer		38. formal	
13. tranquilo		39. ocupado	
14. hecho		40. enterrar	
15. pintar		41. envolver	
16. abrigado		42. asistencia	
17. sensible		43. capaz	
18. agradecido		44. correcto	
19. honesto		45. cierto	
20. sensato		46. conocido	
21. interés		47. digno	
22. unir		48. discreto	
23. seguro		49. experto	
24. quieto		50. ahogo	
25. aparecer		51. constante	
26. directo		52. cómodo	

CUADRO ORTOGRÁFICO

3

homófonos con b y v

1. grabar
2. hierba
3. rebelar
4. savia
5. bacilo
6. varón
7. vasto
8. vate
9. bello
10. veces

A. Las siguientes palabras homófonas pertenecen al cuadro ortográfico 3; cópialas con su significado en las líneas de abajo:

1. grabar - esculpir en metal, madera, piedra o piel.
   gravar - cargar un impuesto.
2. hierba - planta de poca altura.
   hierva - inflexión del verbo hervir.
3. rebelar - oponerse, desobedecer o resistirse a una autoridad.
   revelar - descubrir algo oculto.
4. sabia - que tiene sabiduría.
   savia - jugo de los vegetales.
5. bacilo - bacteria.
   vacilo - inflexión del verbo vacilar.

1. _____

2. _____

3. _____

4. _____

5. _____

B. Escribe un enunciado con cada uno de los homófonos del ejercicio anterior y subráyalos con rojo:

1. _____

2. _____

3. _____

4. _____

5. _____

6. _____

7. _____

8. _____

9. _____

10. _____

C. Las siguientes palabras homófonas pertenecen al cuadro ortográfico 3; cópialas con su significado en las líneas de abajo:

1. barón - título de nobleza.
   varón - del sexo masculino.
2. basto - uno de los cuatro palos de la baraja española.
   vasto - amplio, extenso.
3. bate - inflexión del verbo batir. También palo de beisbol.
   vate - sinónimo de poeta.
4. bello - hermoso.
   vello - pelo o pelusilla fina.
5. beses - inflexión del verbo besar.
   veces - plural de vez.

1. _____

_____

2. _____

_____

3. _____

_____

4. _____

_____

5. _____

_____

D. Escribe un enunciado con cada uno de los homófonos del ejercicio anterior y subráyalo con verde:

1.

2.

3.

4.

5.

6.

7.

8.

9.

10.

Escribe en los espacios correspondientes dos derivados de las palabras que se presentan:

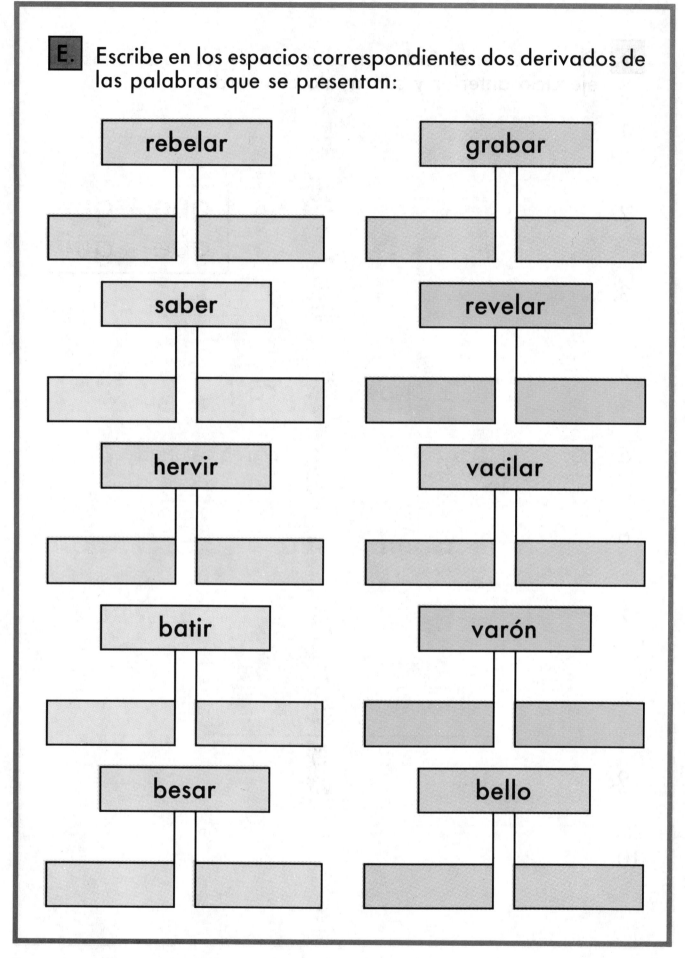

rebelar

grabar

saber

revelar

hervir

vacilar

batir

varón

besar

bello

CUADRO ORTOGRÁFICO

4

gue - gui
güe - güi

1. hoguera
2. hormiguero
3. guía
4. aguijón
5. antigüedad
6. ungüento
7. desagüe
8. vergüenza
9. lingüística
10. agüita

A. Sigue el ejemplo y escribe el derivado que corresponde a cada palabra:

1. ciego   ⟶   **ceguera**
2. hormiga   ⟶
3. hogar   ⟶
4. manga   ⟶
5. higo   ⟶
6. regar   ⟶
7. tortuga   ⟶
8. rengo   ⟶
9. agua   ⟶
10. paraguas   ⟶

B. Escribe donde corresponde el diminutivo de las palabras que se presentan, como se muestra en el ejemplo:

1. fuego   ⟶   **fueguito**
2. hormiga   ⟶
3. tortuga   ⟶
4. arruga   ⟶
5. chango   ⟶
6. látigo   ⟶
7. enagua   ⟶
8. yegua   ⟶
9. lengua   ⟶
10. paraguas   ⟶
11. agua   ⟶
12. antiguo   ⟶

C. Escribe en los espacios correspondientes dos derivados de las palabras que se presentan:

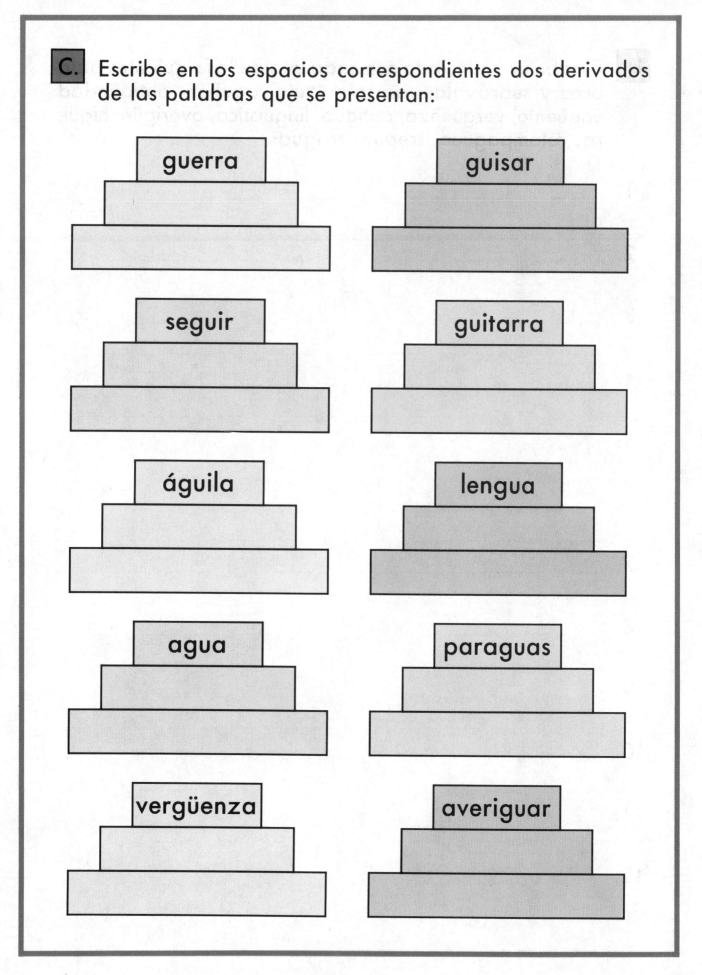

guerra

guisar

seguir

guitarra

águila

lengua

agua

paraguas

vergüenza

averiguar

D. Escribe un enunciado con cada una de las siguientes palabras y subráyalas con rojo: guía, aguijón, antigüedad, ungüento, vergüenza, antiguo, lingüística, averigüé, higuera, relampagueo, tregua, fragua:

1. _____

2. _____

3. _____

4. _____

5. _____

6. _____

7. _____

8. _____

9. _____

10. _____

11. _____

12. _____

E. Enlista en la columna que les corresponde las siguientes palabras:

1. pingüino
2. cigüeña
3. halagüeño
4. lingüística
5. juguete
6. tianguis
7. merengue

8. guedeja
9. guirnalda
10. guinda
11. maguey
12. exangüe
13. Guillermo
14. lengüeta

15. ambigüedad
16. lengüetazo
17. Águeda
18. Miguel
19. guión
20. aguinaldo
21. pedigüeño

gue

1. _____
2. _____
3. _____
4. _____
5. _____
6. _____

gui

1. _____
2. _____
3. _____
4. _____
5. _____
6. _____

güe

1. _____
2. _____
3. _____
4. _____
5. _____
6. _____
7. _____

güi

1. _____
2. _____

F. Escribe la conjugación del verbo averiguar en los tiempos presente y pasado; repítelos dos veces abajo:

averiguar

Presente		Pasado	
	averiguo		averigüé
Yo		Yo	
Tú		Tú	
Él		Él	
Nosotros		Nosotros	
Ustedes		Ustedes	
Ellos		Ellos	
Yo		Yo	
Tú		Tú	
Él		Él	
Nosotros		Nosotros	
Ustedes		Ustedes	
Ellos		Ellos	
Yo		Yo	
Tú		Tú	
Él		Él	
Nosotros		Nosotros	
Ustedes		Ustedes	
Ellos		Ellos	

CUADRO ORTOGRÁFICO

5

1. pájaro
2. hurtar
3. necesario
4. árbol
5. cosechar
6. relumbrar
7. comal
8. bocado
9. granero
10. navegar

A. Copia en los espacios señalados los refranes que se presentan con su correspondiente significado:

1. Más vale pájaro en mano, que cien volando.

• Es mejor una sola cosa segura, que muchas inciertas o dudosas.

2. Quien lo hereda no lo hurta.

• Es natural y lógico parecernos a nuestros padres.

3. El que compra lo que no necesita, acaba por vender lo necesario.

• El derrochador acaba en la pobreza.

4. Quien a buen árbol se arrima, buena sombra le cobija.

• El que tiene buenas amistades, nunca está desamparado.

5. Quien habla siembra, quien escucha cosecha.

• Sabiendo escuchar a los demás podemos aprender muchas cosas de provecho.

6. No todo lo que relumbra es oro.

• No debemos fiarnos de las apariencias, pues no todo lo que parece bueno, lo es.

7. El comal le dijo a la olla: quítate allá que me tiznas.

• Muchas veces criticamos en los demás defectos que nosotros mismos tenemos.

8. Bocado de mal pan, no lo comas ni lo des a tu can.

• El mal que no queremos para nosotros, no debemos deseárselo a los demás.

9. Un grano no hace granero, pero ayuda a su compañero.

• Poco a poco se pueden lograr grandes cosas.

10. El que por gusto navega, no debe temer al mar.

- El que por su cuenta se arriesga, debe atenerse a las consecuencias.

1. _____

2. _____

3. _____

4. _____

5. _____

6. _____

7. _____

8. _____

9. _____

10. _____

B. Escribe en los espacios señalados los refranes que se presentan con el significado que les corresponda:

1. Cuando se agota el pozo, se conoce el valor del agua.
2. El que mucho abarca, poco aprieta.
3. Más hace el que quiere, que el que puede.
4. No firmes carta que no leas, ni bebas agua que no veas.
5. En boca cerrada no entran moscas.

Significados

a. Cuando queremos realizar demasiadas cosas a la vez, se corre el riesgo de no atender debidamente a ninguna.

b. Enseña lo útil que es callar oportunamente.

c. Nos damos cuenta del valor de las cosas sólo cuando las perdemos.

d. Con buena voluntad, empeño y decisión, se logra más que con grandes medios, que a menudo no se aprovechan.

e. En todo momento es necesario actuar con precaución y prudencia.

1. _____

2. _____

3. _____

4. _____

5. _____

C. En los espacios señalados, copia los siguientes refranes y escribe el significado que corresponde a cada uno.

1. No dejes para mañana lo que puedes hacer hoy.

2. Arrímate a los buenos, y serás uno de ellos.

3. Más vale tarde que nunca.

4. A mal tiempo, buena cara.

5. A buen hambre, no hay pan duro.

1. _____

_____

_____

2. _____

_____

_____

3. _____

_____

_____

4. _____

_____

5. _____

_____

D. En el cuadro ortográfico 5 busca las palabras que tengan acento ortográfico; cópialas en la columna izquierda y repítelas dos veces:

1. _____ _____ _____

2. _____ _____ _____

E. Las palabras que se presentan pertenecen al cuadro ortográfico 5; escribe el sinónimo y el antónimo que corresponda a cada una:

	Sinónimos:	Antónimos:
1. hurtar		
2. necesario		
3. cosechar		
4. relumbrar		

F. Escribe en los espacios correspondientes dos derivados de las palabras que se presentan:

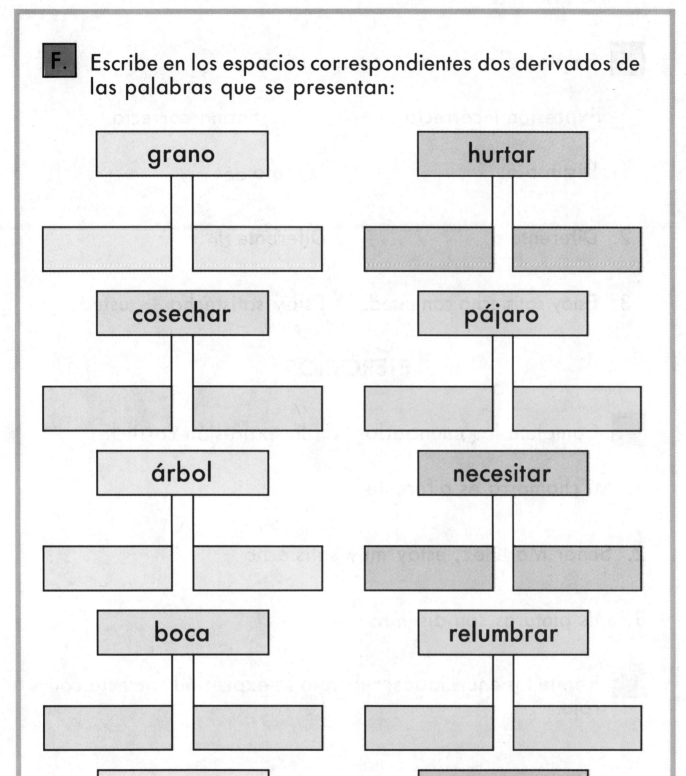

grano

hurtar

cosechar

pájaro

árbol

necesitar

boca

relumbrar

navegar

vender

G. Empleo correcto de la preposición de.

Expresión incorrecta	Forma correcta
1. Distinto a.	Distinto de.
2. Diferente a.	Diferente de.
3. Estoy satisfecho con usted.	Estoy satisfecho de usted.

EJERCICIOS

a. Completa los enunciados con la expresión correcta:

1. Mi chamarra es diferente _____.

2. Señor Martínez, estoy muy satisfecho _____.

3. Mis pinturas son distintas _____.

b. Repite los enunciados; subraya la expresión correcta con rojo:

1. _____

2. _____

3. _____

CUADRO ORTOGRÁFICO

6

campos semánticos

1. imprenta
2. máquina
3. prólogo
4. humedad
5. cobertizo
6. caverna
7. maizal
8. insecto
9. penumbra
10. excursión

A. En los renglones correspondientes, escribe tres veces las palabras que se presentan:

penumbra	humedad	insecto

excursión	maizal	cobertizo

caverna	máquina	imprenta

	prólogo	

B. Las siguientes palabras del cuadro ortográfico 6: excursión, insecto, maizal, cobertizo, pertenecen a un mismo campo semántico; escribe un enunciado con cada una y subráyala con rojo:

1. _____

2. _____

3. _____

4. _____

C. Las siguientes palabras: máquinas, imprenta, enciclopedias, libreros, libros, revistas, pertenecen a un mismo campo semántico; escribe una composición con ellas y subráyalas con verde:

_____

_____

_____

_____

_____

D. Añade otras palabras en las columnas de la izquierda para formar campos semánticos. Repítelas donde corresponda:

1. libro
2. prólogo
3. hojas
4.
5.
6.

1.
2.
3.
4.
5.
6.

1. caverna
2. humedad
3. penumbra
4.
5.
6.

1.
2.
3.
4.
5.
6.

CUADRO ORTOGRÁFICO

7 | terminación aje

1. ramaje
2. plumaje
3. herraje
4. oleaje
5. vendaje
6. carruaje
7. espionaje
8. follaje
9. equipaje
10. lenguaje

Escribe tres veces en los rectángulos correspondientes cada palabra del cuadro ortográfico 7 que se presenta como muestra:

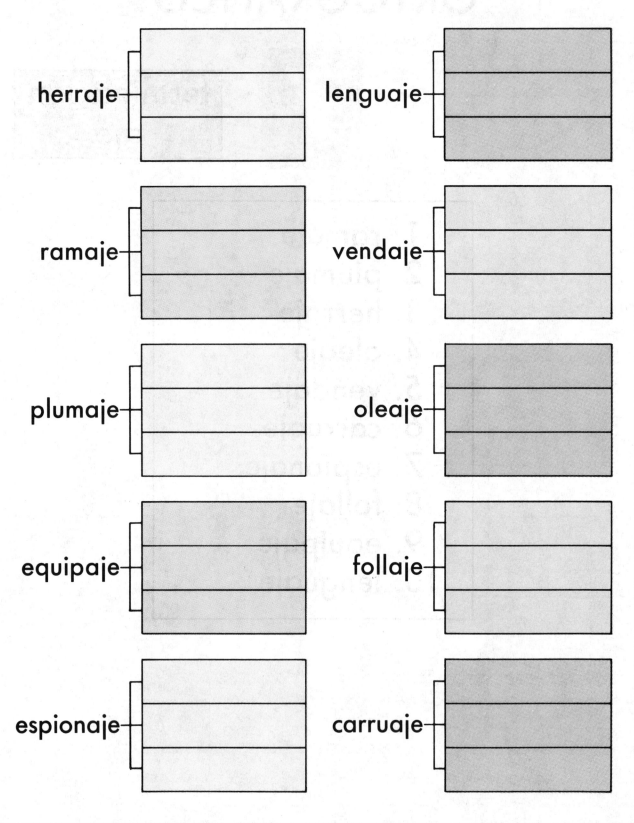

herraje

ramaje

plumaje

equipaje

espionaje

lenguaje

vendaje

oleaje

follaje

carruaje

B. Escribe un enunciado con cada palabra del cuadro ortográfico 7 y subráyala con rojo:

1. _____

2. _____

3. _____

4. _____

5. _____

6. _____

7. _____

8. _____

9. _____

10. _____

C. Las palabras que se presentan aceptan la terminación aje para formar otra nueva. Sigue el ejemplo y escribe en cada caso la que corresponda. Observa que todas se escriben con j:

1. pelo   ⟶   **pelaje**
2. varilla   ⟶
3. pillo   ⟶
4. obra   ⟶
5. paso   ⟶
6. kilómetro   ⟶
7. paro   ⟶
8. tiro   ⟶
9. país   ⟶
10. paisano   ⟶
11. persona   ⟶
12. vía   ⟶
13. virar   ⟶
14. traer   ⟶
15. doblar   ⟶
16. tatuar   ⟶
17. almacén   ⟶
18. caudillo   ⟶
19. ficha   ⟶
20. patrulla   ⟶

D. Cada palabra del cuadro ortográfico 7 se deriva de otra. Escribe en la columna derecha la palabra de la cual proviene:

1. ramaje   → _____
2. plumaje   → _____
3. herraje   → _____
4. oleaje   → _____
5. vendaje   → _____
6. carruaje   → _____
7. espionaje   → _____
8. follaje   → _____
9. equipaje   → _____
10. lenguaje   → _____

E. VOCABULARIO

UN AGITADO VIAJE

La hermosa dama
de alto linaje
muy entusiasmada
emprende su viaje.
Vestida a la moda
con su bello traje,
muy entretenida
contempla el paisaje
tras la ventanilla
de su lindo carruaje.
De pronto, ¡ay!,
en aquel paraje
brincan las ruedas
entre los ramajes.

¡Qué susto se ha dado
la hermosa dama
de alto linaje!
Un golpe en el brazo
le ha dado coraje
y con su fina mano
se ha dado un masaje.
Entonces se asoma
y le grita al cochero:
¡Señor, por favor,
no sea usted tan salvaje!,
y luego, calmada,
prosigue su viaje.

EJERCICIO

a. En la lectura anterior, subraya con rojo las palabras que terminen en aje y enlístalas abajo. No repitas ninguna:

1. _____   6. _____

2. _____   7. _____

3. _____   8. _____

4. _____   9. _____

5. _____   10. _____

CUADRO ORTOGRÁFICO

8

diptongos

1. hielo
2. esfuerzo
3. escenario
4. sierra
5. artificial
6. ruiseñor
7. asiduo
8. Guanajuato
9. aplauso
10. deuda

A. En la columna izquierda ordena alfabéticamente las palabras del cuadro ortográfico 8, y en la derecha divídelas en sílabas:

1.
2.
3.
4.
5.
6.
7.
8.
9.
10.

B. En la columna izquierda enlista las palabras del cuadro ortográfico 8, y en la derecha escribe el diptongo que tiene cada una:

1.
2.
3.
4.
5.
6.
7.
8.
9.
10.

C. Escribe un enunciado con cada palabra del cuadro ortográfico 8. Subráyala con rojo:

1.

2.

3.

4.

5.

6.

7.

8.

9.

10.

D. Divide en sílabas cada palabra de la lista que se presenta y escribe el diptongo que aparece en cada una. Guíate por el ejemplo:

1. riesgo	ries - go	ie
2. muelle		
3. trapecio		
4. equilibrio		
5. quinientos		
6. hierba		
7. delicia		
8. huichol		
9. antiguo		
10. construir		
11. anuncio		
12. aula		
13. flauta		
14. ciudadano		
15. piedra		
16. encuentro		
17. biblioteca		
18. estruendo		
19. industria		
20. suave		
21. fraile		
22. peine		

CARACOL AVENTURERO

Hay una dulzura infantil
en la mañana quieta.
Los árboles extienden
sus brazos a la tierra.
Un vaho tembloroso
cubre las sementeras,
y las arañas tienden
sus caminos de seda
—rayas al cristal limpio
del aire—.
En la alameda
un manantial recita
su canto entre las hierbas.
Y el caracol, pacífico
burgués de la vereda,
ignorado y humilde,
el paisaje contempla.

FEDERICO GARCÍA LORCA

EJERCICIOS

a. En el poema anterior, subraya con rojo las palabras que tengan diptongo y enlístalas a continuación:

1. _____   6. _____

2. _____   7. _____

3. _____   8. _____

4. _____   9. _____

5. _____   10. _____

b. Escribe en la columna correspondiente las palabras del ejercicio anterior, divídelas en sílabas e indica el diptongo que cada una tiene:

Palabras:	Sílabas:	Diptongos:
1.		
2.		
3.		
4.		
5.		
6.		
7.		
8.		
9.		
10.		

CUADRO ORTOGRÁFICO

9

palabras iguales con diferente acentuación

1. ánimo
2. árbitro
3. capítulo
4. célebre
5. crítico
6. depósito
7. diálogo
8. doméstico
9. estímulo
10. género

A. Sigue el ejemplo y escribe en la columna respectiva las palabras del cuadro ortográfico 9 con el acento que corresponda. Observa que al cambiar el acento cambia también el significado de la palabra:

1.	ánimo	animo	animó
2.			
3.			
4.			
5.			
6.			
7.			
8.			
9.			
10.			

B. Completa los enunciados con la palabra que corresponda. Elígela de las que se presentan en el recuadro. Subráyala con rojo:

1. La fiesta se _____ cuando llegaron los payasos.

2. Frente a las dificultades, es cuando más hace falta tener buen _____

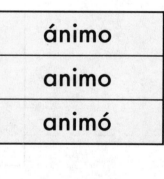

ánimo

animo

animó

1. Amado Nervo fue un _____ poeta mexicano.

2. Ayer _____ mi cumpleaños.

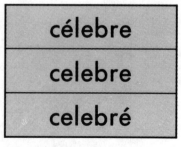

célebre

celebre

celebré

62

1. El enfermo está pasando por un estado

2. Yo nunca _____ las acciones de
   los demás.

| crítico |
| crítico |
| criticó |

1. Esta llave pertenece al _____
   de la leña.
2. El gerente _____ el dinero en
   la bóveda del banco.
3. Por favor, señor Gutiérrez, vaya a
   la caja y haga este _____ .

| depósito |
| deposito |
| depositó |

1. La planta eléctrica _____ mucha
   energía.
2. No me gusta la calidad de este _____
   _____ .
3. El cuento y la novela pertenecen al
   _____ narrativo.

| género |
| genero |
| generó |

C. Escribe un enunciado con cada una de las siguientes palabras: capítulo, árbitro, diálogo, dialogó, doméstico, domesticó, estímulo, estimuló. Subráyalas con rojo:

1. _____

2. _____

3. _____

4.

5.

6.

7.

8.

D. Guíate por el ejemplo y escribe en la columna respectiva la misma palabra que se presenta, pero con la acentuación que corresponda, según se muestra en cada caso:

a.

	equivoco	equivocó
1. equívoco		
2. íntegro		
3. líquido		
4. náufrago		
5. número		
6. práctico		
7. público		
8. rótulo		
9. término		
10. título		
11. tránsito		
12. ejército		

b.

	contrarío	contrarió
1. contrario		
2. amplio		
3. continuo		

c.

	sabía
1. sabia	
2. hacia	
3. secretaria	
4. seria	
5. varias	
6. espacio	

d.

	perdida
1. pérdida	
2. fábrica	

e.

	elaboró
1. elaboro	
2. silencio	
3. curso	
4. canto	
5. saco	
6. pago	
7. estudio	
8. libro	
9. libre	

f.

	está
1. ésta	
2. éste	

E. Empleo correcto de la preposición de.

Expresión incorrecta	Forma correcta
1. Asegúrate que vaya.	Asegúrate de que vaya.
2. Dispone poco tiempo.	Dispone de poco tiempo.
3. Discúlpame esa distracción.	Discúlpame de esa...
4. Está seguro que no vendrá.	Está seguro de que...
5. A pesar que lo tenía.	A pesar de que...
6. Se apropió todos los datos.	Se apropió de todos...
7. Aparte las condiciones, es...	Aparte de las condiciones...

EJERCICIO

a. Escribe un enunciado con cada una de las expresiones correctas que se presentan arriba y subráyalas con rojo:

1. _____

2. _____

3. _____

4. _____

5. _____

6. _____

7. _____

CUADRO ORTOGRÁFICO

10

palabras agudas, graves y esdrújulas

1. mágico
2. cónsul
3. interés
4. álbum
5. reunión
6. portátil
7. célula
8. técnico
9. jamás
10. luciérnaga

Repite en los espacios correspondientes cada palabra del cuadro ortográfico 10 que se presenta como muestra:

mágico

portátil

cónsul

célula

interés

técnico

álbum

jamás

reunión

luciérnaga

B. En el cuadro ortográfico 10 aparecen palabras agudas, graves y esdrújulas. Escríbelas donde corresponde y a la derecha divídelas en sílabas:

agudas

1. _____   _____

2. _____   _____

3. _____   _____

graves

1. _____   _____

2. _____   _____

3. _____   _____

esdrújulas

1. _____   _____

2. _____   _____

3. _____   _____

4. _____   _____

C. Escribe un enunciado con cada palabra del cuadro ortográfico 10. Subráyala con rojo:

1. _____

_____

2. _____

_____

3. _____

_____

4. _____

_____

5. _____

_____

6. _____

_____

7. _____

_____

8. _____

_____

9. _____

_____

10. _____

_____

D. Escribe el singular de las palabras que se presentan. Cuidado: ninguna debe llevar acento:

1. imágenes   → _____

2. márgenes   → _____

3. exámenes   → _____

4. orígenes   → _____

5. certámenes   → _____

6. dictámenes   → _____

7. aborígenes   → _____

8. volúmenes   → _____

9. resúmenes   → _____

E. Elabora un enunciado con cada uno de los singulares que escribiste. Subráyalos con verde:

1. _____

_____

2. _____

_____

3. _____

_____

4. _____

_____

5. _____

_____

6. _____

7.

8.

9.

Escribe un enunciado con cada una de las palabras que se presentan a continuación y subráyalas con azul. Observa que también son singulares y plurales irregulares. Cuidado con los acentos:

régimen ⟶ regímenes

carácter ⟶ caracteres

1.

2.

3.

4.

G. VOCABULARIO

UNA HISTORIA CURIOSA

Nací en plena selva, junto a un lago helado. Yo era un pino de los tantos que allí crecen. Un día me marcaron con una señal. Se acercó un leñador y después de cortarme con una sierra, me tumbó en el suelo. Me quitaron a golpe de hacha las ramas, antes cargadas de nidos, y desmembraron mi tronco en pedazos que, amontonados con otros en la balsa, transportó el río hasta una fábrica vecina. Yo creía morir; sin embargo, me esperaban todavía dolores terribles.

Máquinas de poderosos dientes continuaron la tarea de trozarme; luego me sacaron la corteza y me dejaron desnudo, temblando de frío. De ahí pasé a unos grandes toneles donde me bañaron y de los cuales pronto volví a salir completamente limpio. Tremendas muelas de piedra deshicieron mis tejidos fibra a fibra y me convirtieron, al fin, en una papilla de color blanco. Supe entonces por algunos comentarios que así se fabricaba el papel. Pero mi historia no ha terminado. Pasé por cernidores y filtros, me mezclaron con una cantidad de pulpa de células y, confundidos los ingredientes en una sola masa, comenzamos a viajar entre una serie de cilindros laminadores. Al terminar esta excursión, formamos anchas hojas lisas y brillantes del papel que ahora acaricias en tus manos.

Como ves, he padecido mucho; pero hoy siento la inmensa alegría de saber que llevo luz a la inteligencia y fortaleza al corazón de los hombres.

EJERCICIO*

a. En la lectura anterior, subraya con rojo las palabras agudas que aparecen acentuadas y con azul las esdrújulas; luego enlístalas donde corresponda. No repitas ninguna:

agudas

1. _____   7. _____

2. _____   8. _____

3. _____   9. _____

4. _____   10. _____

5. _____   11. _____

6. _____   12. _____

esdrújulas

1. _____

2. _____

3. _____

* Antes de la realización del ejercicio, el maestro deberá recordar a los alumnos la **acentuación particular** de las palabras *día, río, creía, todavía, frío* y *alegría* —que se acentúan por **adiptongación** ; es decir, para anular el diptongo— para evitar que el alumno cometa errores y las clasifique como graves.

H. Escribe una composición empleando palabras agudas, graves y esdrújulas. Subraya con rojo las agudas, con azul las graves y con verde las esdrújulas:

I. Empleo correcto de la preposición de.

Expresión incorrecta	Forma correcta
1. En razón a lo expresado.	En razón de lo expresado.
2. Estufas a gas.	Estufas de gas.
3. Olla a presión.	Olla de presión.
4. Buque a vapor.	Buque de vapor.
5. Plancha a vapor.	Plancha de vapor.
6. Dolor a los oídos.	Dolor de oídos.

EJERCICIO

a. Escribe un enunciado con cada una de las expresiones correctas que se presentan arriba y subráyalas con rojo:

1. _____

2. _____

3. _____

4. _____

5. _____

6. _____

CUADRO ORTOGRÁFICO

11

c - k - q (fonema /k/)

1. hojarasca
2. tronco
3. equilibrio
4. quietud
5. culebra
6. embarcar
7. dique
8. cargar
9. recoger
10. Tokio

A. En el cuadro ortográfico 11 busca las palabras que lleven las sílabas ca - co - cu. Cópialas y repítelas tres veces donde se indica:

Palabras con ca - co - cu:

Cópialas: Repítelas:

1. _____

2. _____

3. _____

4. _____

5. _____

6. _____

B. En el cuadro ortográfico 11 busca las palabras escritas con que - qui - k. Cópialas y repítelas tres veces donde se indica:

Palabras con que - qui - k:

Cópialas: Repítelas:

1. _____

2. _____

3. _____

4. _____

C. Escribe una composición con las siguientes palabras del cuadro ortográfico 11 y con otras que lleven ca - co - cu: hojarasca, tronco, culebra, recoger. Subráyalas con rojo:

 D. Escribe una composición con las siguientes palabras del cuadro ortográfico 11: quietud, equilibrio, inquieto, embarcar, cargar, queso, dique, Tokio. Subráyalas con verde:

E. VOCABULARIO

HISTORIA DE UN OVILLO DE LANA

Si este ovillo que tengo en la mano pudiera hablar, contaría así la historia de su vida:

"En una fresca mañana de otoño vi por primera vez la luz del día. Desde ese momento, me convertí en la lana que abrigó el cuerpo ágil e inquieto de un manso corderito, que fue mi compañero inseparable de brincos y correrías durante varios meses.

"Cuando llegó el verano, las manos del esquilador nos separaron para siempre.

"Desprendida del cuerpo de mi amiguito, me colocaron en un recipiente donde me lavaron, dejándome muy blanca y muy suave.

"Un día me pusieron en una rueca y me transformaron en una hebra larga y delgada.

"Más tarde hicieron conmigo un ovillo, y aquí me tienen, esperando que unas manos hábiles me conviertan en la prenda de abrigo que cubra el cuerpo de quien la necesite."

EJERCICIO

a. En la lectura anterior, subraya con rojo las palabras que lleven ca - co - cu, y con azul las que lleven que - qui. Enlístalas, en la página siguiente, donde corresponda. No repitas ninguna:

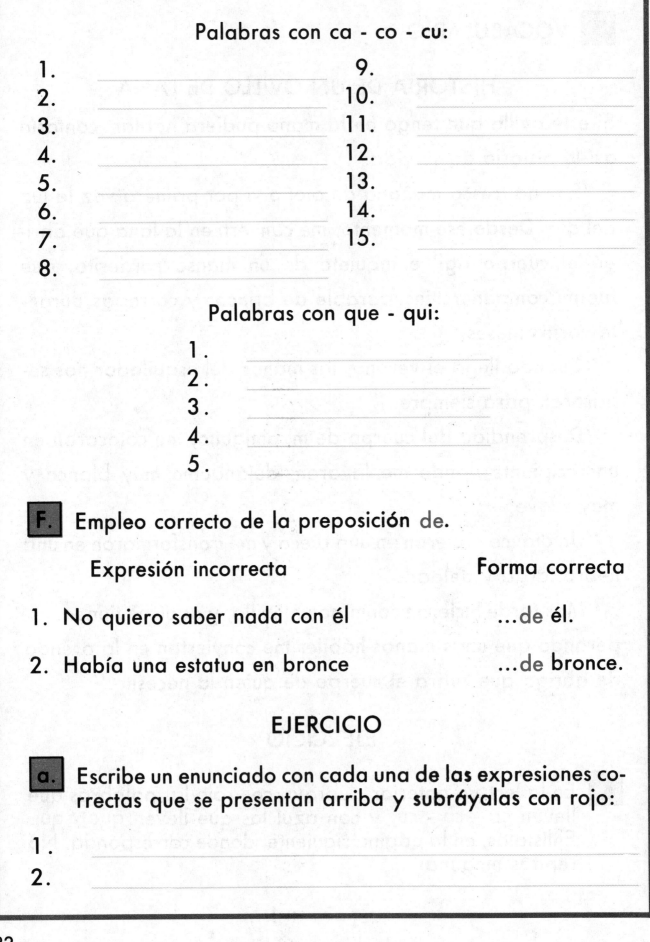

Palabras con ca - co - cu:

1. _____   9. _____
2. _____   10. _____
3. _____   11. _____
4. _____   12. _____
5. _____   13. _____
6. _____   14. _____
7. _____   15. _____
8. _____

Palabras con que - qui:

1. _____
2. _____
3. _____
4. _____
5. _____

F. Empleo correcto de la preposición **de**.

Expresión incorrecta	Forma correcta
1. No quiero saber nada con él	...de él.
2. Había una estatua en bronce	...de bronce.

EJERCICIO

a. Escribe un enunciado con cada una **de las** expresiones correctas que se presentan arriba y **subráyalas** con rojo:

1. _____
2. _____

CUADRO ORTOGRÁFICO

12

c - s - z (fonema /s/)

1. sendero
2. rojizo
3. museo
4. anzuelo
5. utilizar
6. precio
7. reluciente
8. cesta
9. bronce
10. sosiego

A. En el cuadro ortográfico 12 busca las palabras escritas con ce - ci. Cópialas y repítelas donde se indica:

Palabras con ce - ci:

Cópialas: Repítelas:

1. _____   1. _____

2. _____   2. _____

3. _____   3. _____

4. _____   4. _____

B. Escribe un enunciado con cada una de esas palabras y subráyalas con rojo:

1. _____

_____

2. _____

_____

3. _____

_____

4. _____

_____

C. En el cuadro ortográfico 12 busca las palabras que lleven se - si - so. Cópialas y repítelas donde se indica:

Palabras con se - si - so:

Cópialas: Repítelas:

1. _____   1. _____
2. _____   2. _____
3. _____   3. _____

D. Escribe un enunciado con cada una de esas palabras y subráyalas con azul:

1. _____

2. _____

3. _____

E. En el cuadro ortográfico 12 busca las palabras que se escriban con z. Cópialas y repítelas donde se indica:

Palabras con z:

Cópialas: Repítelas:

1. _____   1. _____
2. _____   2. _____
3. _____   3. _____

F. Escribe un enunciado con cada una de esas palabras y subráyalas con verde:

1.

2.

3.

G. VOCABULARIO

HABLA UN ÁRBOL

Me encuentro en la soledad del campo, ofreciendo protección a los caminantes. Cuando el sol quema o cuando llueve, los animales se resguardan bajo mi follaje. En mis ramas anidan los pájaros.

Ofrezco sabrosos frutos al que tiene hambre o sed.

Mis hojas son remedio para muchas enfermedades. La madera de mi tronco sirve para construir casas, muebles y muchos otros utensilios de uso diario, necesarios en el hogar.

Doy leña para hacer fuego. Mis ramas, como brazos abiertos, se tienden generosas hacia los que pasan a mi lado.

Niño: has oído la voz de un árbol.

Ahora escucha algo más: los árboles, además de útiles son bellos. Una casa, un camino, un paisaje son doblemente atractivos si tienen árboles.

Todos, grandes y chicos, deberíamos plantar un árbol por lo menos una vez al año. Plantarlo y cuidarlo. Atender a su crecimiento, regarlo y protegerlo mientras es tierno.

El trabajo que nos da es bien poco, comparado con los beneficios que de él recibimos.

EJERCICIO

a. En la lectura anterior, subraya con rojo las palabras que lleven ce - ci, con azul las que lleven sa - se - si - so - su y con verde las que lleven za - zo - zu. Enlístalas donde corresponda. No repitas ninguna en la misma columna, pero sí puede aparecer una palabra en varias listas si cumple con lo que se pide en cada caso:

Palabras con ce - ci:

1. _____   5. _____
2. _____   6. _____
3. _____   7. _____
4. _____   8. _____

Palabras con sa - se - si - so - su:

1. _____   9. _____
2. _____   10. _____
3. _____   11. _____
4. _____   12. _____
5. _____   13. _____
6. _____   14. _____
7. _____   15. _____
8. _____

Palabras con za - zo - zu:

1. _____

H. Empleo correcto de la preposición con.

Expresión incorrecta	Forma correcta
1. En base a.	Con base en.
2. De acuerdo a.	De acuerdo con.
3. En mayor detalle.	Con mayor detalle.
4. En relación a lo dicho.	En relación con lo dicho.

EJERCICIO

a. Escribe un enunciado con cada una de las expresiones correctas que se presentan en el ejemplo anterior y subráyalas con rojo:

1. _____

_____

2. _____

_____

3. _____

_____

4. _____

_____

CUADRO ORTOGRÁFICO

13

terminación azo - eza izo

1. alet**azo**
2. zarp**azo**
3. flech**azo**
4. tibi**eza**
5. destr**eza**
6. fortal**eza**
7. cert**eza**
8. corred**izo**
9. gran**izo**
10. quebrad**izo**

A. Repite tres veces, en los espacios correspondientes, cada palabra del cuadro ortográfico 13 que se presenta como muestra:

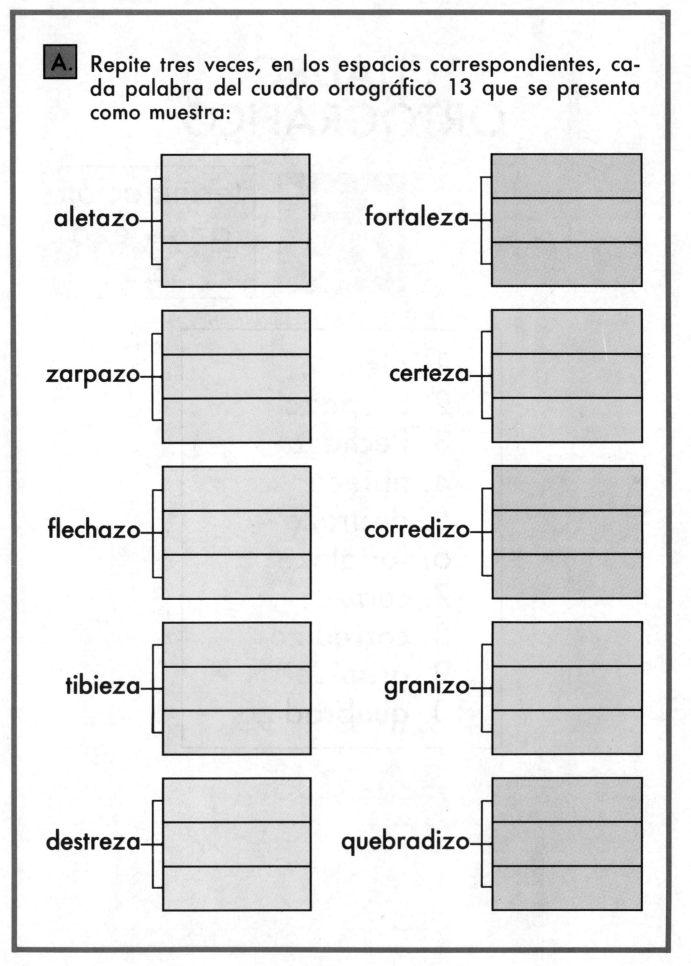

aletazo

fortaleza

zarpazo

certeza

flechazo

corredizo

tibieza

granizo

destreza

quebradizo

B. Escribe un enunciado con cada una de las palabras del cuadro ortográfico 13 y subráyalas con rojo:

1.

2.

3.

4.

5.

6.

7.

8.

9.

10.

C. Las palabras que se presentan aceptan la terminación azo para formar una nueva. Sigue el ejemplo y escribe en cada caso la que corresponda. Observa que todas se escriben con z:

chispazo

1. chispa ⟶
2. hacha ⟶
3. ducha ⟶
4. costal ⟶
5. carro ⟶
6. bolsa ⟶
7. campana ⟶
8. cambio ⟶
9. bomba ⟶
10. banquete ⟶
11. gusto ⟶
12. bandera ⟶
13. bala ⟶
14. pico ⟶
15. puerta ⟶
16. pelota ⟶
17. lengua ⟶
18. golpe ⟶
19. timbre ⟶
20. escoba

D. Las palabras que se presentan aceptan la terminación eza para formar una nueva. Sigue el ejemplo y escribe en cada caso la que corresponda. Observa que todas se escriben con z:

1. pobre ⟶ **pobreza**

2. torpe ⟶

3. noble ⟶

4. gentil ⟶

5. fijo ⟶

6. extraño ⟶

7. duro ⟶

8. sutil ⟶

9. delicado ⟶

10. fino ⟶

11. rudo ⟶

12. fiero ⟶

13. vivo ⟶

14. limpio ⟶

15. áspero ⟶

16. ligero ⟶

17. entero ⟶

18. puro ⟶

19. agudo ⟶

20. triste ⟶

E. Las palabras que se presentan aceptan la terminación izo para formar una nueva. Sigue el ejemplo y escribe en cada caso la que corresponda. Observa que todas se escriben con z:

1. enfermo   ⟶   **enfermizo**

2. cobre   ⟶

3. frontera   ⟶

4. primero   ⟶

5. olvidado   ⟶

6. rojo   ⟶

7. plegado   ⟶

8. hecho   ⟶

9. antojado   ⟶

10. rollo   ⟶

11. asustado   ⟶

12. espantado   ⟶

13. escurrido   ⟶

14. plomo   ⟶

15. huida   ⟶

16. porquero   ⟶

17. cal   ⟶

18. bebida   ⟶

19. perdido   ⟶

20. enamorado   ⟶

CUADRO ORTOGRÁFICO

14 adverbios terminados en mente

1. único
2. lógico
3. magnífico
4. íntimo
5. cortés
6. ágil
7. hábil
8. común
9. tardío
10. inútil

A. En los espacios correspondientes, repite tres veces cada palabra que se presenta como muestra:

único

magnífico

cortés

hábil

íntimo

lógico

común

ágil

inútil

tardío

B. Escribe en orden alfabético las palabras del cuadro ortográfico 14:

1. _____
2. _____
3. _____
4. _____
5. _____
6. _____
7. _____
8. _____
9. _____
10. _____

C. Divide en sílabas las palabras del ejercicio anterior y en la columna derecha escribe si son agudas, graves o esdrújulas:

1. _____
2. _____
3. _____
4. _____
5. _____
6. _____
7. _____
8. _____
9. _____
10. _____

D. Las palabras del cuadro ortográfico 14 aceptan la terminación mente para formar otras nuevas. Cópialas en la columna izquierda, y en la derecha escribe la palabra que se forma en cada caso, como se muestra en el ejemplo. Observa que todas conservan el acento en la sílaba original.

1.   **único**   ⟶   **únicamente**
2.   ⟶
3.   ⟶
4.   ⟶
5.   ⟶
6.   ⟶
7.   ⟶
8.   ⟶
9.   ⟶
10.   ⟶

E. Escribe un enunciado con cada una de las palabras del ejercicio anterior enlistadas en la columna derecha y subráyalas con rojo:

1.

2.

3.

4. _____

5. _____

6. _____

7. _____

8. _____

9. _____

10. _____

F. Las palabras que se presentan también aceptan la terminación mente para formar otras nuevas, pero como éstas no llevan acento, tampoco lo llevarán sus adverbios. Sigue el ejemplo y escribe en cada caso la palabra que corresponda:

1. noble   ⟶   **noblemente**

2. suave   ⟶   _____

3. simple   ⟶   _____

4. honrado   ⟶   _____

5. ansioso   ⟶   _____

6. frecuente ⟶ _____

7. paciente ⟶ _____

8. amargo ⟶ _____

9. cauteloso ⟶ _____

10. audaz ⟶ _____

11. prolijo ⟶ _____

12. minucioso ⟶ _____

13. extenso ⟶ _____

14. sencillo ⟶ _____

15. libre ⟶ _____

16. valiente ⟶ _____

17. poderoso ⟶ _____

18. gentil ⟶ _____

19. dulce ⟶ _____

20. pobre ⟶ _____

G. Del ejercicio anterior, elige 5 adverbios y escribe un enunciado con cada uno de ellos:

1. _____

2. _____

3. _____

4. _____

5. _____

CUADRO ORTOGRÁFICO

15 palabras con es

1. **es**pectador
2. **es**casez
3. **es**trago
4. **es**cama
5. **es**pectáculo
6. **es**pontáneo
7. **es**pléndido
8. **es**calar
9. **es**tupendo
10. **es**trangular

A. Debajo del número que se presenta escribe tres veces la palabra que corresponda, según el cuadro ortográfico 15:

3   6   9

1   8   4

5   2   10

7

B. Escribe en el mismo orden en que aparecen las palabras del cuadro ortográfico 15. Repítelas a la derecha, pero comenzando por la última:

1. _____   10. _____
2. _____   9. _____
3. _____   8. _____
4. _____   7. _____
5. _____   6. _____
6. _____   5. _____
7. _____   4. _____
8. _____   3. _____
9. _____   2. _____
10. _____   1. _____

C. Enlista las palabras del ejercicio anterior en orden alfabético. Repítelas a la derecha:

1. _____   1. _____
2. _____   2. _____
3. _____   3. _____
4. _____   4. _____
5. _____   5. _____
6. _____   6. _____
7. _____   7. _____
8. _____   8. _____
9. _____   9. _____
10. _____   10. _____

D. Escribe un enunciado con cada palabra del cuadro ortográfico 15 y subráyala con verde:

1. _____

2. _____

3. _____

4. _____

5. _____

6. _____

7. _____

8. _____

9. _____

10. _____

E. Estas otras palabras también comienzan con la sílaba **es**. Cópialas a la derecha:

1. escoger
2. esquimal
3. esbelto
4. escultura
5. escarbar
6. estudiar
7. esclavitud
8. escándalo
9. escombro
10. escapar
11. esconder
12. escorpión
13. escudriñar
14. espera
15. espantar
16. espía
17. espiral
18. esqueleto
19. estante
20. estandarte

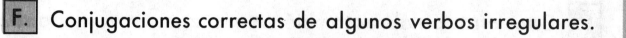

F. Conjugaciones correctas de algunos verbos irregulares.

a. El verbo satisfacer se conjuga igual que hacer. Escribe la conjugación correcta donde corresponda:

presente

	hacer	satisfacer
Yo		
Tú		
Él		
Nosotros		
Ustedes		
Ellos		

pasado

futuro

CUADRO ORTOGRÁFICO

16

palabras con ex

1. extraordinario
2. extenso
3. expedición
4. exigente
5. exagerado
6. excusa
7. excluir
8. extraviar
9. experto
10. experiencia

A. En los espacios correspondientes, escribe tres veces la palabra que se presenta como muestra:

extenso

extraordinario

exigente

excusa

expedición

excluir

extraviar

exagerado

experto

experiencia

B. Escribe en el mismo orden en que aparecen las palabras del cuadro ortográfico 16. Repítelas a la derecha, pero comenzando por la última:

1. _____   10. _____
2. _____   9. _____
3. _____   8. _____
4. _____   7. _____
5. _____   6. _____
6. _____   5. _____
7. _____   4. _____
8. _____   3. _____
9. _____   2. _____
10. _____   1. _____

C. Enlista las palabras del ejercicio anterior en orden alfabético. Repítelas a la derecha:

1. _____   1. _____
2. _____   2. _____
3. _____   3. _____
4. _____   4. _____
5. _____   5. _____
6. _____   6. _____
7. _____   7. _____
8. _____   8. _____
9. _____   9. _____
10. _____   10. _____

D. Escribe un enunciado con cada palabra del cuadro ortográfico 16 y subráyala con azul:

1.

2.

3.

4.

5.

6.

7.

8.

9.

10.

E. Estas otras palabras que se presentan también comienzan con la sílaba ex. Cópialas a la derecha:

1. explanada

2. experimento

3. explicación

4. explorar

5. exquisito

6. extinguir

7. extraer

8. excursión

9. exportar

10. extraño

11. expedición

12. explosión

13. exposición

14. expresar

15. exprimir

16. extensión

17. extenuado

18. exterior

19. extranjero

20. extremo

F. Conjugaciones correctas de algunos verbos irregulares.

a. Los verbos forzar, reforzar y esforzarse se conjugan en forma semejante. A continuación se transcribe cómo deben conjugarse en tiempo presente. Repite las formas correctas donde corresponda:

presente

forzar   Repítelas:

Yo fuerzo

Tú fuerzas

Él fuerza

Nosotros forzamos

Ustedes fuerzan

Ellos fuerzan

reforzar

Yo refuerzo

Tú refuerzas

Él refuerza

Nosotros reforzamos

Ustedes refuerzan

Ellos refuerzan

esforzarse*

Yo me esfuerzo

Tú te esfuerzas

Él se esfuerza

Nosotros nos esforzamos

Ustedes se esfuerzan

Ellos se esfuerzan

b. Copia lo siguiente:

Los verbos forzar, reforzar y esforzarse se conjugan como torcer en la primera persona del singular en presente:

Yo tuerzo

Yo fuerzo

Yo refuerzo

Yo me esfuerzo

* Este tipo de verbo se llama *pronominal* y la conjugación se realiza añadiendo las partículas pronominales *me te se nos* a las personas verbales respectivas, según el modelo que se da en el ejemplo.

G. Los siguientes verbos son irregulares y se conjugan en forma semejante. Guíate por el ejemplo y escribe las formas correctas donde corresponda:

1. almorzar ⟶ **almuerzo**

2. moler ⟶

3. poder ⟶

4. probar ⟶

5. recordar ⟶

6. engrosar ⟶

7. renovar ⟶

8. volver ⟶

9. resolver ⟶

10. revolver ⟶

11. rogar ⟶

12. mostrar ⟶

13. morder ⟶

14. mover ⟶

15. oler ⟶

16. tostar ⟶

CUADRO ORTOGRÁFICO

17

r - rr
(sonido
fuerte)

1. enrojecer
2. enroscar
3. Israel
4. irracional
5. subrayar
6. arruinar
7. arriesgar
8. reja
9. arrogante
10. rincón

ORTOGRAFICO

A. En los renglones correspondientes, copia tres veces cada palabra del cuadro ortográfico 17 que se presenta como muestra:

enrojecer	enroscar	Israel
irracional	subrayar	arruinar
arriesgar	reja	arrogante
	rincón	

B. Guíate por el ejemplo y escribe en las líneas respectivas la palabra que corresponda. A la derecha repite ambas columnas:

1. red   **enredar**   1.
2. rollo   2.
3. rico   3.
4. rojo   4.
5. rosca   5.
6. reja   6.
7. raíz   7.
8. rama   8.
9. raro   9.
10. ronco   10.
11. rudo   11.

C. Guíate por el ejemplo y escribe en las líneas respectivas la palabra que corresponda. A la derecha repite ambas columnas:

1. ropa   **arropar**   1.
2. rollo   2.
3. ruina   3.
4. riesgo   4.
5. raíz   5.
6. rincón   6.
7. rodilla   7.

D. Sigue el ejemplo y en las líneas respectivas escribe la palabra que corresponda:

1. responsable ⟶ **irresponsable**
2. respetuoso ⟶
3. real ⟶
4. realidad ⟶
5. racional ⟶
6. radiar ⟶
7. realizable ⟶
8. recuperable ⟶
9. reductible ⟶
10. remplazable ⟶
11. reflexivo ⟶
12. reformable ⟶
13. refutable ⟶
14. regular ⟶
15. remediable ⟶
16. reprochable ⟶
17. regulable ⟶

E. Escribe dos derivados de la palabra subrayar:

subrayar

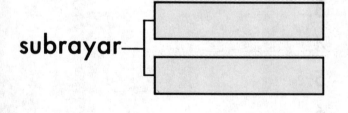

Repítelas:

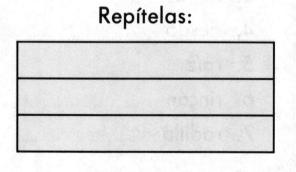

118

F. Lee las palabras y los derivados que se presentan a continuación. Luego copia y repite los derivados, en la página siguiente, donde corresponda:

red

1. enredo
2. enredijo
3. enredoso
4. enredar
5. enredadera
6. desenredo

rollo

1. arrollar
2. arrollable
3. enrollar
4. desarrollar
5. desenrrollar
6. desarrollo

raíz

1. enraizar
2. arraigo
3. arraigar
4. desarraigo
5. desarraigar
6. desenraizar

rojo

1. enrojecer
2. enrojecimiento
3. enrojecido
4. infrarrojo
5. sonrojar
6. sonrojo

red

1. _____
2. _____
3. _____
4. _____
5. _____
6. _____

1. _____
2. _____
3. _____
4. _____
5 _____
6. _____

rollo

1. _____
2. _____
3. _____
4. _____
5. _____
6. _____

1. _____
2. _____
3. _____
4. _____
5. _____
6. _____

raíz

1. _____
2. _____
3. _____
4. _____
5. _____
6. _____

1. _____
2. _____
3. _____
4. _____
5. _____
6. _____

rojo

1. _____
2. _____
3. _____
4. _____
5. _____
6. _____

1. _____
2. _____
3. _____
4. _____
5. _____
6. _____

CUADRO ORTOGRÁFICO

18

r - rr
(sonido fuerte)
(continuación)

1. corresponder
2. rudeza
3. desenredar
4. alrededor
5. amarrar
6. desarrollo
7. pararrayo
8. corroer
9. sonrisa
10. ronquido

A. En los lugares correspondientes, escribe dos veces cada palabra del cuadro ortográfico 18 que se presenta como muestra:

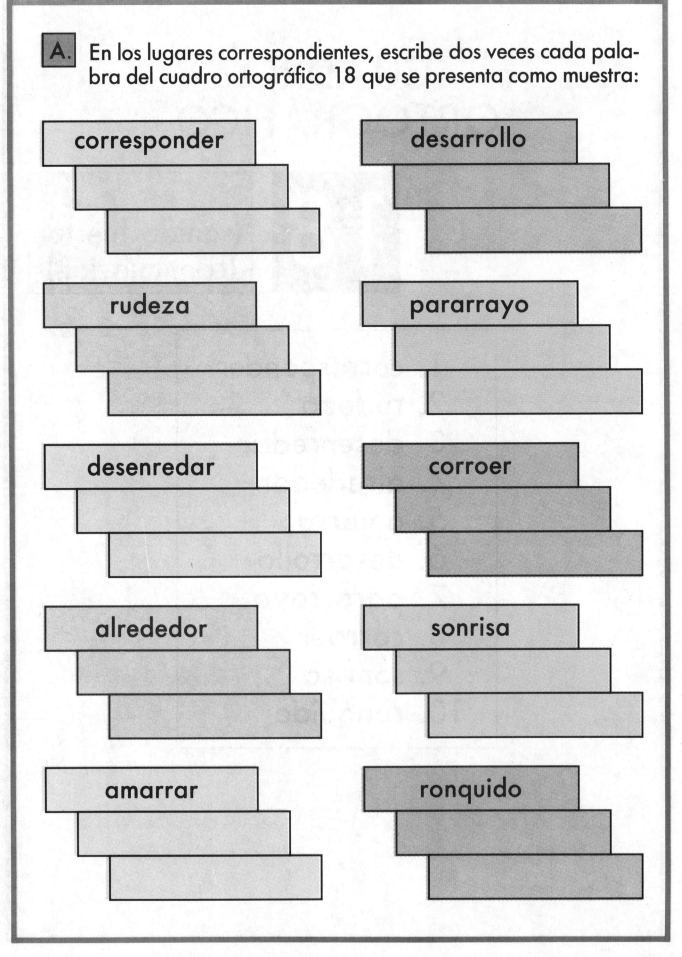

corresponder

desarrollo

rudeza

pararrayo

desenredar

corroer

alrededor

sonrisa

amarrar

ronquido

B. Guíate por el ejemplo y escribe en cada caso la palabra que corresponda:

1. enredar 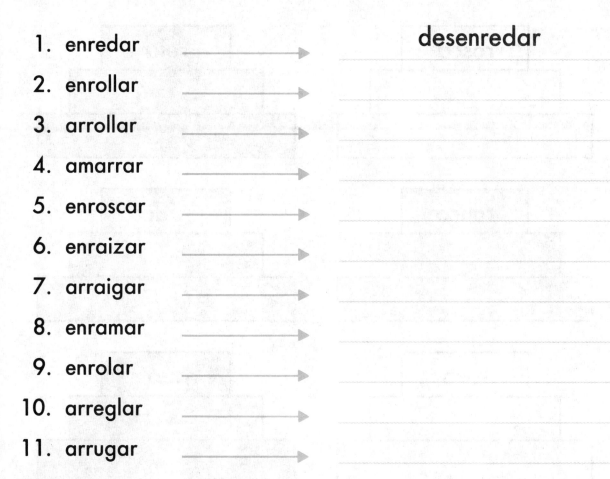 **desenredar**

2. enrollar

3. arrollar

4. amarrar

5. enroscar

6. enraizar

7. arraigar

8. enramar

9. enrolar

10. arreglar

11. arrugar

C. Guíate por el ejemplo y escribe en cada caso la palabra que corresponda:

1. relación **correlación**

2. relativo

3. roer

4. roído

5. romper

6. responder

En los lugares correspondientes, escribe dos derivados de las siguientes palabras:

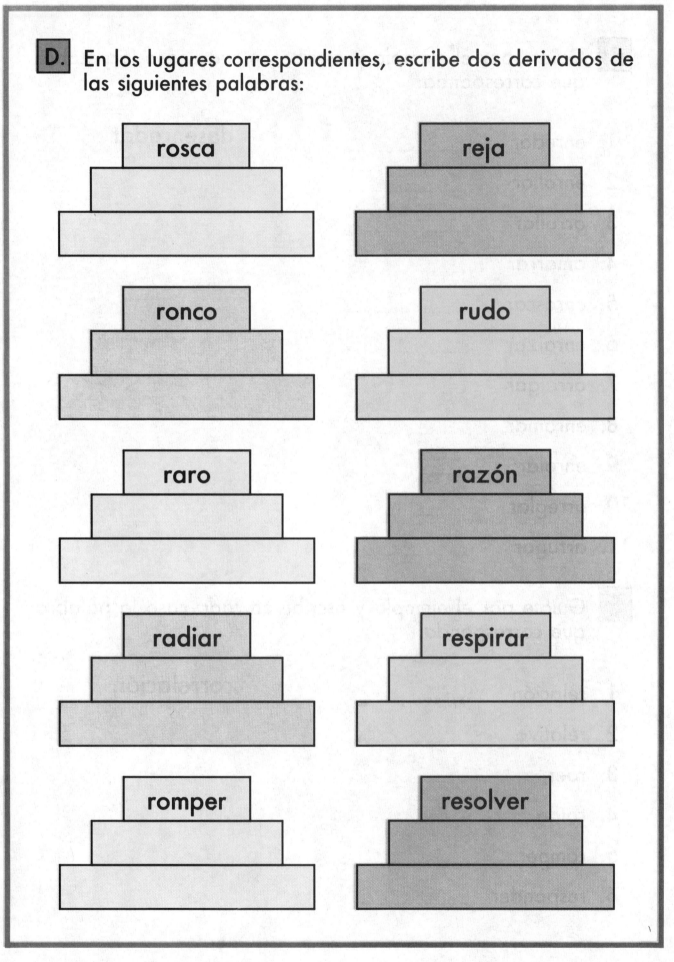

rosca

reja

ronco

rudo

raro

razón

radiar

respirar

romper

resolver

E. En la columna derecha, repite los derivados de las palabras que se presentan:

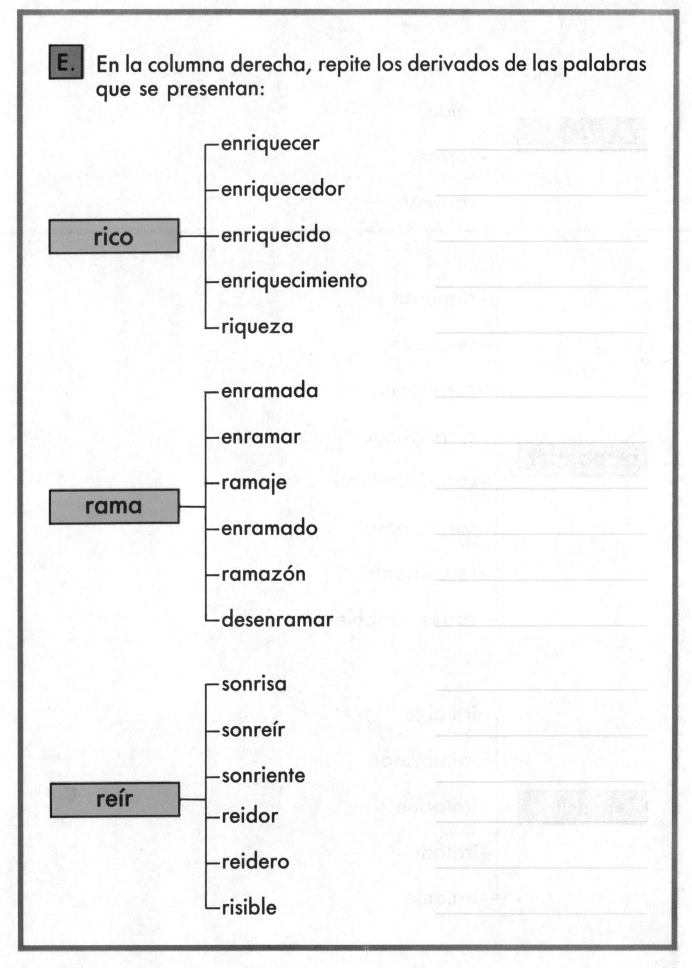

rico
- enriquecer
- enriquecedor
- enriquecido
- enriquecimiento
- riqueza

rama
- enramada
- enramar
- ramaje
- enramado
- ramazón
- desenramar

reír
- sonrisa
- sonreír
- sonriente
- reidor
- reidero
- risible

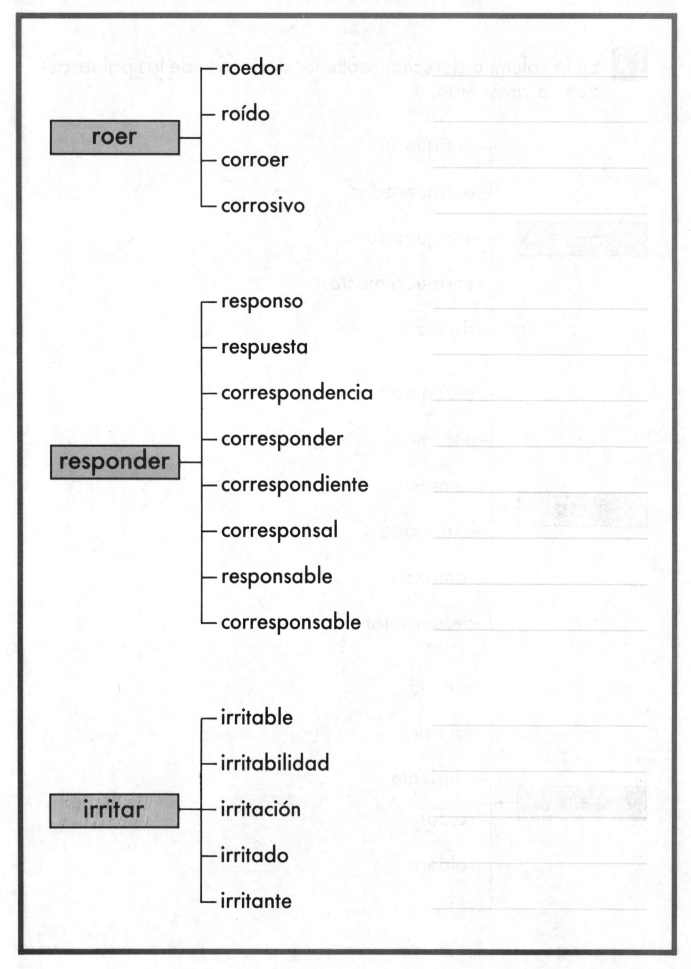

roer
- roedor
- roído
- corroer
- corrosivo

responder
- responso
- respuesta
- correspondencia
- corresponder
- correspondiente
- corresponsal
- responsable
- corresponsable

irritar
- irritable
- irritabilidad
- irritación
- irritado
- irritante

F. Escribe una composición empleando las siguientes palabras: Israel, Enrique, correspondencia, sonrisa, alrededor, desarrollo, subrayar, arreglo, razonable, ruinas, irrespirable, riesgo, enrejado, enramada, enriquecer, rincón, enterrar:

G. Empleo correcto de la preposición con.

Expresión incorrecta:	Forma correcta:
1. Luchan hombro a hombro.	Luchan hombro con hombro.
2. Se comunica uno a otro.	Se comunica uno con otro.
3. A fin de investigarlo.	Con el fin de investigarlo.
4. Vendía a pérdida.	Vendía con pérdida.
5. A la mayor brevedad.	Con la mayor brevedad.

EJERCICIO

a. Escribe un enunciado con cada una de las expresiones correctas que se presentan arriba. Subráyalas con rojo:

1. _____

2. _____

3. _____

4. _____

5. _____

CUADRO ORTOGRÁFICO

19 | homófonos con s - c y s - z

1. brasero
2. cebo
3. segar
4. cena
5. sesión
6. cima
7. enseres
8. liza
9. zueco
10. zumo

A. Los homófonos que se presentan pertenecen al cuadro ortográfico 19. Cópialos en las líneas de abajo con su respectivo significado:

1. bracero - peón, jornalero, alguien que trabaja con los brazos.
   brasero - utensilio donde se hace fuego con carbón o leña.
2. cebo - trampa, señuelo, anzuelo, carnada que se usa para atrapar o atraer.
   sebo - materia grasa que se obtiene de algunos animales.
3. cegar - dejar ciego a alguien.
   segar - cortar la hierba con la hoz.
4. cena - comida que se toma por la noche.
   Sena - uno de los principales ríos de Francia.
5. cesión - relativo al verbo ceder; donación, entrega.
   sesión - reunión, junta.

1.

2.

3.

4.

5.

B. Completa cada enunciado con la palabra que corresponda. Elígela de las que se presentan en el recuadro y subráyala con rojo:

1. El _____ se emplea para hacer velas.
2. El trabajo del _____ mexicano es muy apreciado en los Estados Unidos.
3. Limpia de cenizas el _____ antes de encender de nuevo el carbón.
4. El queso es un _____ excelente para atrapar ratones.

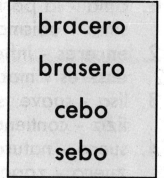

bracero

brasero

cebo

sebo

1. Luego de mucho trabajo _____ todo el campo.
2. La _____ del domingo será de etiqueta.
3. El río _____ atraviesa la ciudad de París.
4. Lo _____ de una pedrada.

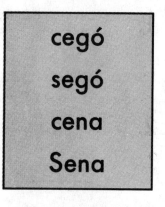

cegó

segó

cena

Sena

1. La _____ se realizará manaña por la tarde.
2. Hizo _____ de sus bienes para financiar trabajos de investigación.
3. Supimos la _____ de su fortuna cuando se leyó el testamento.
4. El jueves tuvimos una _____ muy acalorada.

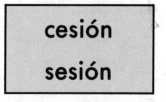

cesión

sesión

C. Los homófonos que se presentan pertenecen al cuadro ortográfico 19. Cópialos en las líneas de abajo con su respectivo significado:

1. cima - la parte más alta de algo.
   sima - abismo, profundidad.
2. enceres - inflexión del verbo encerar.
   enseres - mobiliario y utensilios de una casa.
3. lisa - suave, sin asperezas.
   liza - contienda, lucha, lid; campo de batalla.
4. sueco - natural de Suecia.
   zueco - zapato de madera.
5. sumo - inflexión del verbo sumar.
   zumo - jugo de frutas.

1. _____

2. _____

3. _____

4. _____

5. _____

D. Escribe un enunciado con cada uno de los homófonos del ejercicio anterior. Subráyalos con verde:

1. _____

2. _____

3. _____

4. _____

5. _____

6. _____

7. _____

8. _____

9. _____

10. _____

E. Conjugaciones correctas de algunos verbos irregulares.

a. Los verbos homófonos cegar y segar se conjugan en igual forma. Repite las conjugaciones correctas donde corresponda:

presente

cegar   Repítelas:

Yo ciego

Tú ciegas

Él ciega

Nosotros cegamos

Ustedes ciegan

Ellos ciegan

segar

Yo siego

Tú siegas

Él siega

Nosotros segamos

Ustedes siegan

Ellos siegan

Copia lo siguiente:
Los verbos cegar y segar se conjugan como cerrar.

b. Los verbos **homófonos** cocer y coser se conjugan en forma diferente. Copia donde corresponda las conjugaciones que se presentan como muestra:

presente

cocer (Sinónimo de cocinar.
Se conjuga como mover):

Repítelas:

Yo cuezo

Tú cueces

Él cuece

Nosotros cocemos

Ustedes cuecen

Ellos cuecen

coser (Sinónimo de unir.
Se conjuga en forma regular):

Yo coso

Tú coses

Él cose

Nosotros cosemos

Ustedes cosen

Ellos cosen

F. Escribe una composición empleando conjugaciones de los verbos del ejercicio anterior: cegar - segar - cocer - coser. Subráyalas con rojo:

CUADRO ORTOGRÁFICO

20 verbos de difícil conjugación

1. tropezar
2. regar
3. plegar
4. acrecentar
5. desmembrar
6. soldar
7. engrosar
8. caber
9. traducir
10. emplear

A. Los verbos tropezar, regar, plegar, desplegar, acrecentar, ensangrentar, acertar, desmembrar y alentar, se conjugan como empezar y cerrar. Repite donde corresponda las conjugaciones correctas que se presentan:

presente

tropezar

Repítelas:

Yo tropiezo
Tú tropiezas
Él tropieza
Nosotros tropezamos
Ustedes tropiezan
Ellos tropiezan

regar

Yo riego
Tú riegas
Él riega
Nosotros regamos
Ustedes riegan
Ellos riegan

plegar

Yo pliego
Tú pliegas
Él pliega
Nosotros plegamos
Ustedes pliegan
Ellos pliegan

presente

desplegar

Yo despliego
Tú despliegas
Él despliega
Nosotros desplegamos
Ustedes despliegan
Ellos despliegan

acrecentar

Yo acreciento
Tú acrecientas
Él acrecienta
Nosotros acrecentamos
Ustedes acrecientan
Ellos acrecientan

ensangrentar

Yo ensangriento
Tú ensangrientas
Él ensangrienta
Nosotros ensangrentamos
Ustedes ensangrientan
Ellos ensangrientan

Repítelas:

presente

acertar

Yo acierto

Tú aciertas

Él acierta

Nosotros acertamos

Ustedes aciertan

Ellos aciertan

desmembrar

Yo desmiembro

Tú desmiembras

Él desmiembra

Nosotros desmembramos

Ustedes desmiembran

Ellos desmiembran

alentar

Yo aliento

Tú alientas

Él alienta

Nosotros alentamos

Ustedes alientan

Ellos alientan

Repítelas:

B. Los verbos soldar y engrosar se conjugan como contar. Copia las conjugaciones correctas donde corresponda:

presente

soldar   Cópialas:

Yo sueldo
Tú sueldas
Él suelda
Nosotros soldamos
Ustedes sueldan
Ellos sueldan

engrosar

Yo engrueso
Tú engruesas
Él engruesa
Nosotros engrosamos
Ustedes engruesan
Ellos engruesan

C. El verbo caber es muy irregular. Copia las conjugaciones correctas en la página siguiente:

caber

Presente:	Pasado:
Yo quepo	Yo cupe
Tú cabes	Tú cupiste
Él cabe	Él cupo
Nosotros cabemos	Nosotros cupimos
Ustedes caben	Ustedes cupieron
Ellos caben	Ellos cupieron

Presente: Pasado:

D. Los verbos traducir, reducir y conducir se conjugan en igual forma. Repite las conjugaciones correctas donde corresponda:

pasado

traducir   Repítelas:

Yo traduje

Tú tradujiste

Él tradujo

Nosotros tradujimos

Ustedes tradujeron

Ellos tradujeron

reducir

Yo reduje

Tú redujiste

Él redujo

Nosotros redujimos

Ustedes redujeron

Ellos redujeron

pasado

conducir

Repítelas:

Yo conduje

Tú condujiste

Él condujo

Nosotros condujimos

Ustedes condujeron

Ellos condujeron

E. Los verbos emplear, asear, pasear y hojear son regulares y se conjugan en igual forma. Repite las conjugaciones correctas donde corresponda:

pasado

emplear

Repítelas:

Yo empleé

Tú empleaste

Él empleó

Nosotros empleamos

Ustedes emplearon

Ellos emplearon

asear

Yo aseé

Tú aseaste

Él aseó

Nosotros aseamos

Ustedes asearon

Ellos asearon

pasado

pasear

Yo paseé
Tú paseaste
Él paseó
Nosotros paseamos
Ustedes pasearon
Ellos pasearon

Repítelas:

hojear

Yo hojeé
Tú hojeaste
Él hojeó
Nosotros hojeamos
Ustedes hojearon
Ellos hojearon

F. El verbo enredar es regular. Repite las conjugaciones correctas donde se indica:

presente

enredar

Yo enredo
Tú enredas
Él enreda
Nosotros enredamos
Ustedes enredan
Ellos enredan

Repítelas:

G. Copia en las líneas de abajo los siguientes enunciados. Pon mucha atención, no cometas errores:

1. En algunos países nieva en invierno.
2. Esta mañana nieva más que otros días.
3. En México no nieva casi nunca.
4. En Sudamérica es raro que nieve
5. En Europa y Estados Unidos siempre nieva mucho en Navidad.
6. Ayer vinimos con el maestro; hoy venimos sin él.
7. Ayer tardamos más porque vinimos a pie; hoy venimos en carro.
8. Mañana querré huevos estrellados en el desayuno.
9. Sin duda, Teresa querrá ir al cine.
10. Yo querría ir, pero mis padres no me dan permiso.

1. _____
2. _____
3. _____
4. _____
5. _____

6. _____
7. _____

8. _____
9. _____
10. _____

Escribe una composición empleando conjugaciones de los verbos: nevar, venir y querer. Subráyalas con rojo:

LECTURAS

Para sugerencias metodológicas, véase el *Prólogo*, apartado 3, inciso C.

LOS TRES HERMANOS

Había una vez tres hermanos; trabajaban mucho, pero no tenían suerte en los negocios; entonces decidieron ir a probar fortuna en un pueblo vecino donde reinaba un sultán muy rico. Este sultán era famoso por su gran generosidad con las personas que demostraban tener talento e ingenio. Se pusieron en marcha los tres hermanos sin llevar más equipaje que la ropa puesta. Caminaron varios días hasta que al fin se encontraron en territorio del sultán. Se internaron en un bosque y encontraron un grupo de guardias que les preguntaron:

—¿Han visto pasar un camello cargado por aquí?

Los hermanos dijeron que no y entonces fue cuando se enteraron que aquel camello era muy apreciado por el sultán, que era de una raza muy valiosa y que si no lo encontraban serían castigados. El mayor de los hermanos pensó un ratito y dijo:

—El camello que buscan, por casualidad... ¿cojea de la pata delantera izquierda?

—¿Es tuerto del ojo derecho? —preguntó el segundo.

—Por curiosidad, no más... ¿iba cargado de sal y miel?... —dijo el menor.

Los guardias quedaron con la boca abierta. En efecto, ¡el camello que buscaban era cojo, tuerto e iba cargado de sal y miel! Como los hermanos negaron haber visto al camello, los guardias, muy enojados, los llevaron ante el sultán. Entonces el sultán los interrogó vivamente:

—¿Vieron mi camello cojo?

—No, señor.

—¿Vieron mi camello tuerto?

—No, señor.

—¿Vieron mi camello cargado de sal y miel?

—No, señor —contestaron los hermanos a coro.

—Entonces —dijo el sultán muy extrañado—, si ninguno lo ha visto, ¿cómo sabían que era cojo, tuerto y llevaba carga de sal y miel? ¿Ustedes son magos?

—¡No, señor! —contestaron los tres.

Entonces habló el mayor:

—Yo te explicaré, señor. He preguntado si era cojo, porque en un sendero del bosque vi las huellas de sus patas y observé que era irregular su marcha y que la pata izquierda delantera había hundido la tierra con diferente fuerza que las otras tres, por lo que deduje que era cojo de ese lado.

—Y yo —dijo el segundo— pensé que era tuerto porque observé sus pisadas en un estrecho sendero cubierto de hierbas a uno y otro lado. La hierba de la derecha era alta y jugosa; sin embargo, no había sido tocada; en cambio, la del otro lado sí, a pesar de que era más fea. ¡Seguro que era tuerto del ojo derecho si no la vio!

—Yo observé que el animal se había echado a descansar en dos lugares diferentes —dijo el menor—, porque vi las marcas de su cuerpo sobre el pasto aplastado. En el primero vi dos ovejas que comían la hierba de ese lugar y no pude apartarlas de allí de ninguna manera. Como todos saben las ovejas gustan mucho de la sal, entonces pensé que el camello llevaba carga de sal y la había derramado.

—¿Y la miel? —preguntaron todos con curiosidad.

—¡Muy fácil! El lugar donde reposó por segunda vez no tenía hierba ni flores ni nada que hiciese suponer que hubiera por allí una colmena; sin embargo, el suelo estaba cubierto de abejas... ¡seguro que habían sido atraídas por la miel que el animal derramó!

Y aquí termina el cuento de los tres hermanos listos. El sultán, asombrado de tanto ingenio, los nombró consejeros de la corte y ya no tuvieron que salir a tentar fortuna por ninguna parte.

CUENTO TURCO
(Adaptación)

LA CAJA DE PANDORA

Zeus, el padre de los dioses del Olimpo, confió a su hijo Hefesto, el herrero prodigioso, la tarea de crear la primera mujer. Hefesto era la divinidad del fuego subterráneo. Trabajaba maravillosamente los metales y las piedras preciosas en su ardiente fragua.

Obediente a la orden de su padre, Hefesto amasó y modeló la arcilla formando una bellísima joven semejante a las diosas que habitaban el Olimpo. Luego, con una chispa le dio el alma, y sus ojos se abrieron y su boca habló. La estatua de arcilla vivía. Había nacido la primera mujer.

La diosa Atenea vistió a la joven con ricos ropajes y le concedió la sabiduría; Mercurio la elocuencia; Apolo el talento para la música; y las Gracias anudaron a su blanca garganta collares de oro. Afrodita, la diosa de la belleza y eterna juventud, no quiso ser menos y le concedió el don de la gracia encantadora y de la fresca hermosura.

Las Horas de brillantes trenzas le tejieron coronas de olorosas flores primaverales y el propio Zeus, complacido ante tantas perfecciones físicas, le regaló una caja de graciosa forma y maravilloso contenido, como presente de su admiración, y llamó Pandora a la joven, que quiere decir regalada por todos los dioses.

—Toma esta caja —le dijo— pero no la abras; manténla cuidadosamente cerrada y, el día de tus esponsales, ofréndasela a tu esposo como regalo de bodas.

Pandora prometió hacer lo que Zeus le ordenaba. Sin embargo, no podía reprimir su curiosidad. Veía la bella caja cerrada y deseaba contemplar su contenido. Entonces se acercó a la caja y la abrió.

No bien levantó la tapa escaparon todos los males que en ella estaban encerrados, y entonces el odio, las enfermedades, la guerra, el hambre y las grandes y pequeñas desgracias que pueden afligir a la raza humana, en oscura nube se desparramaron y extendieron de inmediato por toda la Tierra.

Horrorizada ante tal visión, Pandora cerró la caja, pero era ya demasiado tarde: no quedaba en el fondo más que la Esperanza, único consuelo del hombre, quien desde entonces padece toda clase de calamidades y desdichas.

MITOLOGÍA GRIEGA

LA ESPIGA PRESUMIDA

Una vez, dos gorriones se pararon en las ramas de una zarza que crecía al lado de un campo de trigo maduro.

El gorrión mayor era el padre y enseñaba a volar al gorrioncito más chico, que era su hijo.

De paso, le mostraba los lugares donde hallaría mejores granos y semillas para comer.

—¿Ves? —le decía—. Esas son espigas. Cada una tiene un montón de granos de trigo y, cuando están maduros, como ahora, espigamos alguno al vuelo.

—¡Ay, ay, ay, padre! Mira aquel hombre en medio del campo, con los brazos extendidos... Nos habrá visto... Querrá matarnos...

—¿Qué? ¿Aquello tan desharrapado? Es un monigote para asustarnos. Lo llaman espantapájaros. Pero a mí no me espanta. Vas a ver. Sígueme.

Y de un vuelo se plantó, decidido, sobre el sombrero del espantapájaros.

El gorrioncito, algo amedrentado aún, se quedó en el brazo del monigote; pero cuando vio que no le ocurría nada malo empezó a mirar por todo el campo.

Parecía un mar de oro. Las espigas se balanceaban como olas rubias entre pececillos encarnados que eran las amapolas.

—¡Qué abundancia de comida! —dijo el gorrión padre—. Podemos escoger la espiga que nos guste más y de un vuelo, ¡zas!, le quitamos un grano y en otro vuelo...

—¡Oh, padre, mira, mira! —exclamó el gorrioncito—. Mira qué espiga tan bonita. Es la más alta y recta de todas y no se inclina como hacen las demás. Volaré y, ¡zas!, le quitaré un grano...

—¡Ay, gorrioncito mío, qué equivocado estás! Esta espiga no inclina la cabeza porque no le pesa nada; no tiene nada adentro. Es vacía. Y siempre es la espiga más vacía la que sostiene la cabeza más alta.

LA ALONDRA Y SUS HIJOS

Doña Alondra tenía su nido en un trigal. Una mañana, antes de procurarse la comida para sus hijuelos, les recomendó que estuviesen atentos a cuanto dijese el labrador y que, a su regreso, le refiriesen lo acontecido.

Cuando la madre volvió, sus polluelos le contaron que el labrador y su hijo habían resuelto pedir ayuda a sus vecinos para las tareas de la siega.

La alondra madre se dijo: «Por lo visto no hay peligro y podemos continuar aquí sin temor alguno.»

Al día siguiente, las alondritas oyeron que el labrador había dicho a su hijo que pidiese ayuda a sus parientes para cortar las mieses.

Ante esta nueva noticia, doña Alondra también pensó que el peligro estaba lejos y se quedó en el nido.

Al tercer día las alondras dijeron a su madre haber oído decir al labrador que él mismo iba a segar el campo.

—Ha llegado la hora de irnos de aquí —ordenó la prudente madre—, ya sabía que ni los vecinos ni los parientes del labrador le ayudarían, pero si él viene a segar el trigo no nos queda más remedio que mudarnos a otro campo.

Si necesitamos hacer algo,
hagámoslo nosotros mismos.

ESOPO

BOLITA

Tenía un perro dogo llamado Bolita. Era negro y tenía las patas delanteras blancas. Todos los dogos tienen la mandíbula inferior más saliente que la superior y los dientes de abajo montan sobre los de arriba. Pero Bolita tenía la mandíbula inferior tan saliente que se le podía introducir un dedo entre las dos hileras de dientes. Tenía el hocico muy ancho, los ojos muy grandes y brillantes, y sus dientes y colmillos asomaban siempre. Parecía un árabe. Era muy manso y no mordía, a pesar de ser fuerte, y muy terco. Cuando agarraba algo entre los dientes, los apretaba mucho y quedaba colgado como un guiñapo. No había manera de desprenderlo; parecía enteramente una garrapata. Una vez que lo azuzaron contra un oso, lo agarró por una oreja y quedó prendido como una sanguijuela. El oso pataleó y zarandeó a Bolita de un lado para otro, pero no pudo desprenderlo. Entonces, se tiró de cabeza al suelo, con objeto de aplastarlo, pero Bolita no soltó la oreja del oso hasta que le dieron una ducha de agua fría.

Lo adquirí cuando era un cachorrito y lo cuidé yo mismo. Como no quería llevármelo al Cáucaso, me marché con gran sigilo, después de haber mandado que lo encerraran. Al llegar a la primera estación de postas, cuando me disponía a cambiar de coche, de pronto vi un bulto negro y brillante que avanzaba por la carretera. Era Bolita, con su collar de cobre. Venía a galope tendido hacia la estación. Se abalanzó sobre mí, me lamió las manos y luego fue a tenderse a la sombra de un carro. Tan pronto sacaba la lengua y tan pronto la metía y tragaba saliva, como volvía a sacarla. Estaba sin aliento. Respiraba fatigado y se le estremecían los flancos. Volvía la cabeza de un lado para otro, moviendo el rabo.

Posteriormente, me enteré que Bolita había roto los cristales y había saltado por la ventana para seguirme. Había recorrido un camino de más de veinte verstas[1] con un calor sofocante.

LEÓN TOLSTOI
(*Cuentos para niños*)

[1] Medida de longitud equivalente a un kilómetro.

COMO EL MOLINO

Hermano: sé como el molino de mi huerta; los pies en la tierra y la cabeza en el cielo.

Álzate jubiloso en la mañana llena de luz; tranquilo bajo la severa mansedumbre de la tarde; impávido cuando en la noche pasen sobre ti las nubes de tormenta.

Tu rueda debe girar siempre, sacando afanosa el agua. Llena tu vaso, y dale de beber al hermano sediento; y cuando colmes tu represa, deja correr las aguas por la campiña para que beban también los corderos y las palomas, las flores y las hormigas.

Sea tu fuente manantial divino que apague la sed de los hombres, que fecunde la tierra de las almas resecas, y linfa cristalina donde la luz de los cielos se mire orgullosa.

Hermano: ¡sé como el molino de mi huerta! Que tu vida valdrá según lo que riegues...

AMADO NERVO
(Mexicano)

EL GUSANO DE LUZ

(fábula)

Iba un gusano de luz
tranquilamente avanzando
por la perfumada hierba
que cubría fértil prado,
cuando una horrible serpiente
le salió furiosa al paso,
y clavándole los ojos,
se dispuso a devorarlo.
—¿Qué mal te hice? —pregunta
ya medio muerto, el gusano.
Y la serpiente responde:
—Brillas, brillas demasiado.
Has de saber que la envidia
es un reptil venenoso
que hiere con su perfidia
a lo que es bueno y hermoso.

JOSÉ H. FIGUEIRA

TONOS DEL PAISAJE
De oro

En los trigos

Bajo el oro vespertino,
sobre las mieses doradas,
mueve sus aspas dentadas
pausadamente el molino.
Con enormes paletadas
echa del cielo al camino
sobre las mieses doradas
el tesoro vespertino.

De plata

Álamo y arroyo

En el fondo del barranco
alguien llora: es la sonata
del río cuando desata
un rizo ondulante y blanco
en cada guija de plata.
En la cima del barranco
alguien ríe: es la sonata
del viento cuando desata
de aquel alamito blanco
los cascabeles de plata.

De acero

Lluvia

Ya las aves vuelan bajo;
es que viene el aguacero:
en las piedras del atajo
interrumpe su trabajo
de va y ven el hormiguero.
De pronto, cual si de cuajo
rodara el monte al estero,
retumba el trueno en el tajo
y tiende la lluvia abajo
sus barras color de acero.

FRANCISCO A. DE ICAZA
(Mexicano)

EL REMANSO

Río elástico y grande
que corres murmurando:
orillado de mimbres
he visto tu remanso.

¡Cuenco maravilloso
que se colma de día,
de reflejos arbóreos
y esmeraldas fluidas!

¡Cuenco de hechicería
que de noche se llena
con estrellas partidas
por las ramas que tiemblan!

Río elástico y largo:
enséñale a mi alma
a formarse un remanso.

JUANA DE IBARBOUROU
(Uruguaya)

ÍNDICE DEL VOCABULARIO

A continuación se presentan, en orden alfabético, las palabras incluidas en los cuadros ortográficos. El número de la derecha indica el cuadro en donde aparecen.